Margery (Gred)

Eine Geschichte aus dem alten Nürnberg

(Band 7)

Georg Ebers

(Übersetzerin: Clara Bell)

Writat

Diese Ausgabe erschien im Jahr 2024

ISBN: 9789359942063

Herausgegeben von
Writat
E-Mail: info@writat.com

Inhalt

KAPITEL X.

„Die alte Eule! Ich werde ihm etwas geben, damit er sich an mich erinnern kann, bis jemand anders ‚Verschwunden‘ über ihn sagen kann!“ Das war es, was mein Onkel Christian etwas später knurrte, draußen in der Nähe der Ställe, wo Matthew meinem braunen Gaul das Zaumzeug anlegte, während die anderen Diener die Pferde für die Herren sattelten. Ich hatte mich hierher geschlichen, wohlwissend, dass die alten Leute es nicht zugelassen hätten, dass ich Ann nachritt, und mein guter Pate hörte auch jetzt nicht auf zu schimpfen, in seiner Angst um seinen Liebling. „Worüber haben wir gestern Abend sonst gesprochen, Master Leech und ich, während wir mit der fehlgeleiteten Magd geritten sind, als über die bösen Taten, die in diesen letzten paar Wochen auf den Landstraßen und hier in diesem Wald begangen wurden? Mit ihren eigenen.“ Ohren, sie hörte uns sagen, dass der Stadtpolizist von uns verlangte, sieben Berittene als Vorreiter mitzunehmen, weil vorgestern der gesamte Wagenzug der Borchtels und der Schnods eingeholt worden war, und der Konvoi wäre mit Sicherheit eingeholt worden geschlagen, wenn sie nicht glücklicherweise die Hilfe der Gemeinschaft gehabt hätten, die mit den Maurers und den Derrers marschierte . – Und es war stockdunkel, Eulen huschten umher, Füchse bellten; es war genug, um selbst das Blut eines alten, vernarbten Soldaten zu machen kalt werden. Es ist eine Sünde und eine Schande, wie die Schurken ihrem Gewerbe nachgehen, sogar dicht unter den Mauern der Stadt! Sie schnitten einem Tribünenmann die Ohren ab, und als ich diesen jungen Eber von Wichsenstein wünschte, und die ganze Niederlage, die folgte Er könnte zum Galgen kommen, wagte Ann, für sie zu plädieren, denn er sehnte sich nur danach, den Nürnbergern den grausamen Tod heimzuzahlen, den sie seinem Vater, dem berühmten Dieb, zufügten. Als ob sie nicht genau wüsste, dass unser Land seit der Inhaftierung Eppeleins von Gailingen noch nie so ein Mords- und Raubbau gewesen ist wie heute. Wenn auf den Autobahnen weniger Staub zu sehen sei, so der Wärter, dann deshalb, weil er mit Blut weggespült werde. Und trotz alledem rennt die verrückte Magd mit diesem alten Trottel direkt in die Arme des Teufels.

Als ich dann in den Stall ging, um aufzusitzen, wandte sich Onkel Conrad in stürmischem Zorn gegen Kubbeling , weil er zugelassen hatte, dass Uhlwurm Ann in solche Gefahr brachte; Doch der Braunschweiger wusste, wie er sich behaupten konnte, und erklärte schließlich, er hätte lieber zusehen können, wie einem Falken anstelle von Federn ein Löwenschwanz wachsen lasse, als dass die alte Todeswache mit einem jungen Mädchen gemeinsame Sache mache . „Er war herausgekommen“, sagte er, „um ihren Exzellenzen zu raten, mit Pferden zu fahren.“ Aber die Frage meines Onkels, ob er,

Kubbeling , glaube, dass sie in die Ställe gekommen seien, um die Messe zu hören, setzte seinem Gespräch ein Ende; Die Herren riefen den Dienern zu, sie sollten sich beeilen, und ich saß bereits im Sattel. Dann, als ich Endres befohlen hatte, das große Tor zu öffnen, senkte ich meinen Kopf, ritt durch die Stalltür hinaus und wünschte der Gesellschaft einen herzlichen guten Tag. Darauf antworteten sie, während Onkel Conrad fragte, ob ich seine Ratschläge vergessen hätte und wohin ich reiten wollte; worauf ich hastig antwortete: „Unter sicherer Führung, das heißt unter Deiner, um Ann zu folgen."

Mein Onkel schlitzte seinen Stiefel mit der Peitsche auf und fragte wütend, ob ich gedacht hätte, dass Blut vergossen werden würde, und riet mir abschließend freundlich: „Also bleib zu Hause, kleine Margery!"

„Ich bin so gehorsam wie immer", war meine Antwort bereitwillig, „aber obwohl ich jetzt gut im Sattel sitze, werde ich im Sattel bleiben."

Da wusste der alte Mann nicht, ob er einen Scherz für einen Scherz halten oder mir einen strengen Befehl erteilen sollte; und während er und die anderen in ihre Steigbügel stiegen, sagte er: „Hab Schluss mit der Torheit, wenn die Dinge so ernst sind, du verrücktes Kind! Wir haben genug zu tun, um an Ann zu denken, und mehr als genug! Also steig ab, Margery, mit allem. " Geschwindigkeit."

„Alles zu seiner Zeit", sagte ich dann, „ich werde sofort absteigen, wenn wir Ann gefunden haben. Bis dahin wird mich der Riese Goliath nicht aus dem Sattel reißen!"

Daraufhin verlor der alte Mann die Geduld, er setzte sich auf sein großes braunes Pferd und schrie in einem zornigen und befehlenden Ton: „Errege mich nicht zum Zorn, Margery. Tu, was ich will, und steige ab."

Aber in diesem Moment hätte er mich leichter dazu bringen können, ins Feuer zu springen, als Ann im Stich zu lassen; Ich hob Zaumzeug und Peitsche, und als der Braune in Galopp verfiel, schrie Onkel Conrad noch einmal, noch wütender als zuvor: „Tu, was ich dir befehle!" und ich antwortete freudig: „Das werde ich tun, wenn du kommst und mich abholst!" Und mein Pferd trug mich fort und fort, durch das offene Tor.

Die Herren rannten hinter mir her, und wenn ich es gewollt hätte, hätten sie mich bis zum Tag des Gerichts nie gefangen, und zwar insofern als mein ungarischer Zelter, den mein Hans mir aus den Ställen des Grafen von Cilly , dem Vater der Königin, mitgebracht hatte Barbara war viel schneller als ihre schweren Hakennasenrösser; Da ich jedoch nichts Besseres verlangte, als Ann in allem Frieden mit ihnen zu suchen, und da mein Onkel ein sanfter und weiser Mann war, der den Scherz, den er jetzt nicht verderben konnte, nicht ernst nehmen wollte, ließ ich zu, dass sie mich und uns aufs Korn nahmen Ich schloss einen Handel ab, der besagte, dass alles vergessen und vergeben werden sollte, ich aber verpflichtet wurde, beim ersten Anzeichen von Gefahr die Bucht zu verlassen und den besten Weg nach Hause zu machen. Und wenn die Herren in düsterer Stimmung und großer Angst in die Ställe gekommen wären, hätte die wilde Jagd nach mir ihre gute Laune wiedererlangt; und obwohl mein eigenes Herz traurig genug schlug, tat ich mein Bestes, um guten Mutes zu bewahren, und wahrlich, der Anblick von Kubbeling half dabei. Er sollte uns den Weg zu der Stelle zeigen, an der er Eppelem gefunden hatte, und saß nun auf einem sehr großen schwarzen Pferd, aus dem seine kleinen Beine mit ihren seltsamen Katzenfellbeschlägen auf eine wundersame Weise herausragten. Nachdem wir so eine kurze Zeit lang in gleichmäßigem Tempo gefahren waren, begann mein Selbstvertrauen erneut zu schwinden ; Selbst wenn Ann und ihre Begleiterin durch ihre Suche etwas aufgehalten worden wären, hätten wir sie zu diesem Zeitpunkt dennoch treffen müssen, wenn sie ohne Zögern an den Ort gegangen wären und sich auf den Weg gemacht hätten, um ungehindert zurückzukehren. Und als wir bald an ein offenes Grundstück kamen, von dem aus wir ein langes Stück des Waldweges sehen konnten, und doch nichts außer einem kleinen Köhlerkarren sahen, kam es mir vor, als ob eine kalte Hand auf mein Herz gelegt worden wäre. Immer wieder erspähte ich die Ferne, während eine ganze Armee von Gedanken und Schrecken meine Seele durcheinanderwirbelte. Ich stellte sie mir in der Macht des rachsüchtigen Eber von Wichsenstein und seiner wilden Räuberkameraden vor; Ich dachte, der habgierige Bremberger hätte sie in die Pforte seines Schlosses gezerrt, um ein großes Lösegeld zu fordern – und das war nicht das Schlimmste, was passieren konnte. Wenn Abersfeld , der wildeste Freibeuter aller plündernden Adligen weit und breit, sie ergreifen würde? Mir gefror das Blut, als ich mir diese Chance vorstellte. Ann war so schön; Welchen Herrn, der sie entführen könnte, hätte sie nicht entzünden können? Und dann erinnerte ich mich an das, was ich über die römische Lucretia gelesen hatte, und wenn ich über irgendeine magische Kunst verfügt hätte, hätte ich dem ersten Raben nebenbei einen scharfen Gürtel gegeben, damit er ihn zu ihr tragen sollte.

Während ich in der linken Hand Zaumzeug und Peitsche zusammenhielt, hob ich in der Qual meiner Seele mit der rechten das goldene Kreuz auf meiner Brust an meine Lippen und flehte in einem stillen, von Herzen kommenden Gebet die Heilige Jungfrau und meine eigene liebe Mutter an Der Himmel, sie im Griff zu haben.

Und so ritten wir immer weiter, bis wir zu den Teichen bei Pillenreuth kamen . Unmittelbar neben dem größeren Teich, dem sogenannten Königsteich, befand sich ein Wegweiser, und nicht weit entfernt befand sich die Stelle, an der sie Eppelein geplündert und geplündert gefunden hatten. und in Wahrheit war es genau der Ort für Straßenräuber und Freibeuter, der im

Wald und abseits der Straße lag; wenn es jedoch zu ihrer Flucht käme, könnten sie es bei Reichelstorf wiederfinden . Es gab auch nirgendwo in der Nähe eine Burg oder eine Festung; Das große Gebäude mit Mauern und Wassergräben, das an der Südseite des Königsteichs stand, war nichts weiter als der friedliche Kreuzgang der Augustinerinnen von Pillenreuth . Rund um das Wasser lag Sumpfland, das mit blattlosen Büschen, Binsen, hohen Gräsern und Schilf bewachsen war. Es war wirklich ein wirklich düsterer und unheilvoller Ort.

Das sumpfige Gebiet, über das unser Weg führte, war weiß von frischem Raureif, und das Dickicht weiter im Süden war ein Zufluchtsort für Krähen, wie ich sie seitdem nie wieder gesehen habe; Die schwarzen Vögel flogen in dunklen Wolken mit lautem Geschrei um und um ihn herum, als ob in seiner Mitte ein Bein und ein Galgen stünden , und aus dem Unterholz am Rande des Teiches erklangen auch andere Vogelschreie, alle so voller Klagen, als ob Sie beklagten den Kummer der ganzen Welt.

Hier blieben wir mit unseren Pferden stehen und riefen und schrien; aber niemand antwortete, außer Kröten und Krähen. „Das ist mit Sicherheit der richtige Ort", sagte der junge Kubbeling , und Grubner , der Oberförster, sprang auf, um ihm von seiner großen Stute zu helfen. Die Herren stiegen ebenfalls ab und wollten dem Trunswicker über die Wiese bis zu der Stelle folgen , wo Eppelein gefunden worden war; aber er gebot es ihnen nicht, denn sie würden den Weg verunstalten, den er gerne entdecken würde.

Dann standen sie still und blickten ihm nach, so wie ich es ebenfalls tat; und meine Ängste wurden größer, bis ich wirklich glaubte, dass die Krähen tatsächlich unheilvolle Vögel waren, als ich sah, wie ein großer schwarzer Schwarm krächzend um Kubbeling kreiste . Währenddessen beugte er sich tief nach unten und suchte nach Spuren auf dem gefrorenen Gras, und sein kleiner, stämmiger Körper schien für alle Welt einer der Kobolde oder Kobolde zu sein, die zwischen den Wurzeln von Bäumen und in den Löchern in den Felsen wohnen . Er schlich mit aufmerksamer Sorgfalt und ohne ein Wort umher und war neugierig, während er ging, und plötzlich konnte ich sehen, dass er seinen großen Kopf schüttelte, als wäre er im Zweifel, nein, oder in Trauer. Ich schauderte erneut, und es kam mir vor , als würden die grauen Wolken am Himmel noch schwärzer, während totenbleiche, luftige Gestalten in langen, wehenden Laken durch den Nebel über den Teichen schwebten. Die dicken schwarzen Köpfe der Binsen standen regungslos wie Grabsteine da, und die grauen, seidenen Büschel des Moorgrases, die im kalten Hauch eines Novembermorgens flatterten, waren wie geisterhafte Hände, die mich bedrohten oder warnten.

Bald sollte ich die Krähen, den Nebel, das Schilfgras und all die törichten Ängste vergessen, die mich aufgrund einer echten und wohlbegründeten

Angst besessen hatten. Wieder schüttelte Kubbeling den Kopf, und dann hörte ich, wie er meinem Onkel Konrad und dem Oberförster Grubner zurief , sie sollten sich ihm nähern, aber vorsichtig vorgehen. Dann standen sie an seiner Seite, und sie beugten sich ebenfalls tief und dann faltete mein Onkel seine Hände und er schrie entsetzt: „Gnädiger Himmel!“

In zwei Minuten war ich auf Zehenspitzen über das feuchte, gefrorene Gras zu ihnen gelaufen, und tatsächlich konnte ich dort deutlich die Abdrücke eines zierlichen Frauenschuhs erkennen. Deutlich waren die Sohle und der Absatz zu sehen, und daneben der Abdruck großer, breiter Männerschuhe mit eisenbeschlagenen Absätzen, der Kubbeling verriet , dass es sich um Uhlwurms große Stiefel handelte. Doch obwohl wir diejenigen, die wir suchten, nicht getroffen hatten, war der Wald voller Nebenwege, auf denen sie uns auf der Straße hätten begegnen können; aber in der Nähe der Fußabdrücke der Magd und des alten Mannes befanden sich noch drei andere. Der alte Waldarbeiter konnte sie nur zu gut erkennen; sie alle waren im Raureif von Männerstiefeln gefertigt worden. Es war sicher, dass zwei davon von fein geschnittenen Sohlen zurückgeblieben waren, wie sie von geschickten städtischen Kordarbeitern hergestellt werden; und einer hinterließ eine Spur, die nur die eines Sporns sein konnte; während der dritte so flach und breit war, dass er mit Sicherheit dem Schuh eines Bauern oder Köhlers entsprach.

Im Frost war ein grüner Fleck zu sehen, den man nur erklären konnte, weil er von jemandem stammte, der lange auf der Erde gelegen hatte, und sein Hinterkopf, wo er hingefallen war, hatte im Gras einen Abdruck hinterlassen, der so groß war wie ein Männerfaust. Hier war ein klarer Beweis dafür, dass Ann und ihre Begleiterin genau an dieser Stelle von drei Räubern bedrängt worden waren, darunter zwei Rittern und einer von niedrigem Rang, dass Uhlwurm hart gekämpft und einen von ihnen überwältigt oder das Schlimmste davongetragen hatte und war ins Gras geschleudert worden.

Ach! Daran konnte kein Zweifel bestehen, während Kubbeling einen Fußabdruck von Ann fand, auf dem das Sporenmal lag, was deutlich zeigte, dass sie vor diesen Männern dorthin gekommen war. Und auf der Autobahn fanden wir frische Spuren von Pferden und Männern; Es stand also außer Zweifel, dass Schurken Ann und Uhlwurm überfallen und sie ohne Blutvergießen verschleppt hatten, denn nirgendwo auf der Wiese war eine solche Spur zu sehen.

Mittlerweile war der Förster mit den Bluthunden der Fährte gefolgt, von der Stelle aus, wo der Mann im Gras gelegen hatte, und kaum waren sie im Unterholz verschwunden, als sie lautstark ihre Zunge herausgaben und Grubner uns zurief, wir sollten zu ihm kommen. Hinter einem hohen Erlenbusch, der seine Blätter noch nicht verloren hatte, befand sich ein hölzerner Unterstand auf Pfählen, den der Klosterfischer dort zum Trocknen seiner Netze errichtet hatte; und unter diesem Schutz lag ein alter Mann im Gewand eines Dieners, der zweifellos im Kampf mit Uhlwurm sein Leben verloren hatte . Aber bald kniete Kubbeling neben ihm, und während er feststellte, dass sein Herz noch schlug, entdeckte er bald, woran der Kerl litt. Er schlief eine Trunkenheitsattacke aus, und als Zeichen dafür lag das leere Glas neben ihm. Gleich daneben stand ein Schubkarren voller solcher Weinkrüge, und wir atmeten freier, denn wenn der betrunkene Schurke nicht selbst einer der Straßenbanden gehörte , mussten sie ihn dort gefunden und den guten Schnaps beschlagnahmt haben.

Während Kubbeling nun Wasser aus dem Teich holte, probierte Onkel Christian die Qualität der Gläser im Karren, und das erste, das er öffnete, war feiner Malvoisie. Ob dies zum Kloster ging oder nicht, sollte der betrunkene Trottel sagen, und schon bald brachte ihn ein Strom kalten Novemberwassers zur Besinnung. Dann herrschte große Heiterkeit, als der Schurke plötzlich aus dem Schlaf erwachte, in dumpfem Staunen das Wasser von sich tropfen ließ und uns mit offenem Mund anstarrte; und es bedurfte einiger Geduld, bis er uns von vielen Dingen erzählen konnte, die wir später ausführlicher und detaillierter hörten.

Er war Diener des Nürnberger Meisters Rummel , der aus Lichtenau ausgesandt worden war , um diesen guten Schnaps zu den Nonnen nach Pillenreuth zu bringen ; Der Markt Lichtenau liegt jenseits von Schwabach und gehörte einst dem Ritter von Heideck , der ihn an jene Stadt verkauft hatte, von der die Rummels , ein altes und angesehenes Geschlecht, ihn mit der Burg gekauft hatten.

Während nun Gestern, der Ritter von Heideck , der frühere Besitzer der Burg, ein Edelmann von treuer Ehre, mit Meister Rummel in der Festung Lichtenau beim Abendessen saß , war ein Reiter aus Pillenreuth mit einem Hilfegesuch der Äbtissin hereingekommen gegen gewisse Räuber, die einiges Vieh aus dem Kloster weggeschleppt hatten. Hierauf machten sich die Herren bereit, den Schwestern zu Hilfe zu kommen, und sandten in weiser Voraussicht einen Karren voller gutem Wein nach Pillenreuth , um sie dort zu erwarten, da bei den frommen Schwestern kein guter Alkohol zu finden war. Als die Herren heute Morgen an der Stelle angekommen waren, wo die Straßenräuber auf Eppelein gefallen waren, hatten sie Ann getroffen, die ihnen im Waldhaus bekannt war, wo sie gerade nach Herdegens Brief und ihnen suchte , in ihren Sporenstiefeln, hatten ihr geholfen. Schließlich hatten sie sie gebeten, mit ihnen ins Kloster zu gehen, weil die Soldaten von Lichtenau gestern Abend ausgezogen waren, um die Diebe zu treffen, und zu diesem Zeitpunkt hatte sie sie vielleicht gefasst und den Brief bei ihnen gefunden . Ann hatte zugestimmt, dieser gnädigen Bitte zu folgen, wenn sie nur ihren Freunden mitteilen könnte, wo sie sein würde, die mit Sicherheit auf der Suche nach ihr sein würden. Daraufhin hatte Meister Rummel dem Diener , der mit dem Karren heraufgekommen war, befohlen, hier zu verweilen und uns ebenfalls ins Kloster zu schicken; Der Kerl jedoch, der sich bereits mit dem Inhalt der Gläser auf den Weg gemacht hatte, hatte den Schnaps noch einmal probiert. Und zuerst war er auf das gefrorene Gras gefallen und hatte ihn dann unter der Fischerhütte zur Ruhe gelegt.

Selten ist tatsächlich eine Jungfrau mit leichterem Herzen ins Kloster gegangen als ich, nachdem ich diese Nachricht gehört hatte, und obwohl es noch Grund zur Furcht und zum Zweifel gab, konnte ich so wahrhaftig fröhlich sein wie die anderen, und oder ich sprang jemals hinein Wieder in meinem Sattel bekam ich viele Küsse von bärtigen Lippen als sicheres Geleit für die Schwestern . Mein guter Pate stürzte sich in der überfließenden Freude seines Herzens auf mich, um mich auf beide Wangen und auf meine Stirn zu küssen, und ich hatte es gerne ertragen und lächelte hinterher, als ich merkte, dass er dem Hügelgräber nicht länger erlauben würde, zu verweilen.

Im Kloster herrschte neue Freude. Der Nebel hatte uns vor ihren Augen verborgen, und wir fanden sie alle beim Frühstück: die Herren und Ann, die Äbtissin und eine Novizin, die jüngste Tochter von Onkel Endres Tucher aus Nürnberg, und meine ebenfalls bekannte Cousine Ann. Obwohl das Kloster für alle anderen Männer geschlossen war, stand es seinem Herrn und Beschützer immer offen. Daraufhin kam es zu einer wirklich glücklichen Begegnung und einem freudigen Gruß, und als Ann zum zweiten Mal an diesem Tag erblickte, obwohl sie noch jung war, rollten helle Tränen über Onkel Christians rundes Doppelkinn.

Wo nun ein wohlhabender Nürnberger Bürger es sich mit Speisen und Getränken gemütlich macht, da müssen, wenn sich andere zu ihm gesellen , sie sich ebenfalls hinsetzen und mit ihm essen, ja, wenn es in der Hölle selbst wäre. Aber das Kloster Pillenreuth war ein wirklich bequemer Zufluchtsort, und meine Dame, die Äbtissin, eine Frau von hohem Rang und feinen, gastfreundlichen Manieren; Und der Tisch wurde im Handumdrehen verlängert und mit weißen Tischdecken und Tellern und allem, was standesgemäß war, gedeckt. Nach der Fahrt in der scharfen Morgenluft mangelte es niemandem an Appetit und Durst, und wie froh war meine Seele, meine Ann wieder sicher und unversehrt zu haben.

Als unsere Pferde in den Ställen angebunden waren, saßen wir bereits am Tisch und von der ersten Minute an herrschte ein fröhlicher und lebhafter Gesprächsaustausch. Ich für meinen Teil überwarf mich sofort mit dem Ritter von Heideck , da er gerne zwischen Ann und mir sitzen wollte und wollte, dass ein tapferer Ritter einem Mädchen immer ein willkommenerer Nachbar sein müsse als ihre liebste Freundin. Und der laute Jubel und die Fröhlichkeit waren schon bald zu viel für mich; und ich hätte mich gerne mit

Ann an einen einsamen Ort zurückgezogen, um dort an unsere Liebe zu denken.

Endlich wurden wir freigelassen; Jörg Starch, der Hauptmann der Lichtenauer Reiterei, ein großer, hagerer Soldat mit klugen Augen, einer kleinen Stupsnase und dichtem Vollbart, kam nun herein und hob die Hand an seinen Helm und sagte so scharf: obwohl er jedes Wort mit seinen weißen Zähnen abbrach: „Gefangen, gefangen, das ganze Gesindel!"

In wenigen Minuten standen wir alle auf dem Wall zwischen den Teichen und dem Kloster, und da waren die elenden Schurken, die Jörg Starch und seine Soldaten umzingelt und entführt hatten, während sie bei ihrer Morgenbrühe gute Laune machten durchnässtes Fleisch. Sie hatten erklärt, dass sie zu Wichsensteins Gefolgsleuten gehörten , hatten Eber aber wegen seiner allzu strengen Herrschaft im Stich gelassen und sich auf eigene Faust dem Raub hingegeben . Allerdings war Starch der Meinung, dass die Dinge anders lagen. Als er ausgesandt wurde, sie aufzusuchen, hatte er noch keine Kenntnis von dem Angriff auf Eppelein ; Sobald er nun hörte, dass sie ihm die Kleider ausgezogen hatten, forderte er sie auf, sich in einer Reihe aufzustellen und jeden einzelnen zu untersuchen. In Wahrheit waren sie eine bemitleidenswerte Truppe, und wenn sie unser Mitgefühl nicht so sehr verdient hätten, hätten uns ihre Lumpen zum Lachen gebracht. Einer hatte seinen Umhang aus dem roten Unterrock einer Frau gemacht, ihn über den Kopf gezogen und Schlitze als Armlöcher hineingeschnitten, und ein anderer großer Kerl trug das braune Kleid eines Mönchs und auf dem Kopf den Pelzturban einer guten Frau, der mit dem eines Säuglings zusammengebunden war Pucktuch. Jörg Starchs Nachforschungen, wo sich Eppeleins Gewänder befänden, ergaben, dass einer von ihnen sofort auf seine anständige und unversehrte Jacke hinwies, ein anderer auf seinen Untermantel und der größte Mann von allen auf seinen Hut mit der Hahnenfeder, der alles andere als sein zerlumpter Hut war Unkraut. Starch durchsuchte jedes Stück nach dem Buchstaben, und währenddessen beugte sich Uhlwurm mit seinem langen Körper und tastete so auf dem Boden herum, dass es schien, als suche er nach dem vierblättrigen Kleeblatt; Und plötzlich legte er die Hände auf die Schuhe eines hageren, niedrigen Burschen mit eingefallenen Wangen und einem sparsamen Bart am scharfen Kinn, der sich bisher umgeschaut hatte, der Kühnste von allen; Er tastete den Schaft der Schuhe ab, schaute ihm ins Gesicht und fragte ihn mit drohender Stimme: „Wo sind die Oberteile?"

„Die Spitzen?" sagte der Mann in erschrockenem Ton. „Ich trage Schuhe, Meister, und Schuhe sind nur Stiefel ohne Oberteil; und meine ... "

"Und deins!" sagte Uhlwurm in Verachtung. „Die Ratten haben aus Ihren Stiefeln Schuhe gemacht und die Oberteile gefressen, es sei denn, es waren die Mäuse? Schauen Sie her, Kapitän, wenn es Ihnen gefällt ...“

Schuh auszuziehen , betrachtete er ihn von allen Seiten, strich sich verkehrt herum über den Bart und sagte feierlich: „Gut gesagt, Meister, das ist ein Grund zum Nachdenken! Alle.“ Das gibt dem Fall ein frisches Gesicht.“ Und er rief auch dem Schurken zu: „Wo sind die Spitzen?“ Der Kerl hatte Zeit gehabt, sich zu sammeln, und antwortete kühn: „Ich bin nur ein armer, schwacher Wurm, mein Herr Kapitän; sie waren für mich völlig zu schwer, also schnitt ich sie ab und warf sie in den Teich, wo inzwischen die Karpfen waren.“ ernähren sich von ihnen. Und er blickte sich zu seinen Kameraden um, als könne er in ihren Gesichtern lesen, wie sehr sie seine Schlagfertigkeit lobten. Allerdings fürchteten sie sich zu sehr davor, ihm das zu bezahlen, was er erwartete; Nein, und sein kühner Mut wurde gedämpft, als Starch ihn an der Kehle packte und ihn fragte: „Siehst du den Ast dort, mein Junge? Wenn dir noch eine Lüge über die Lippen kommt, werde ich ihn mit einer längeren und schwereren Birne als je zuvor beladen.“ Noch langweilen? Sebald , bring die Seile hervor. – Nun meine Schönheit, antworte mir drei Dinge: Hat der Bote Stiefel getragen? Wie kommt es, dass du, der du einer der Geringsten in der Bande bist, gesunde Schuhe trägst? Und noch einmal: Wo sind die Spitzen?"

Daraufhin sehnte sich der kleine Mann unter traurigem Wimmern danach, dass man ihm eine Frage nach der anderen stellen möge, da er in seinem Gehirn wie ein Schwarm Hummeln fühlte, und als Starch seinen Willen tat, blickte er die anderen an, als würde er sie fragen zu sagen: „Du bist meiner Schlagfertigkeit nicht gerecht geworden“, und dann sagte er, dass er in Wahrheit dem Boten die Stiefel von den Füßen ausgezogen und sie behalten habe, weil sie für die anderen zu klein seien, während er mit einem kleinen und zierlichen Fuß geziert wurde. Und er warf einen Blick auf uns Damen, auf die er schon lange ein Auge geworfen hatte, eine Art ängstlichen Grinsens, und fuhr fort: „Die Spitzen – sie ... “ und blieb wieder stehen. Doch als Starch noch einmal auf den Birnbaum zeigte, gestand er in verzweifelter Angst, dass ein anderer Mann die Wipfel beansprucht hatte, einer, der nicht gefangen worden war, weil sie so hoch und gut waren. Daraufhin lachte Starch so laut und klatschte so laut in die Hand, dass wir Jungfrauen aufschreckten, und er schrie: „Das ist es, so ist es! Zounds, ihr Schurken! Dann die Sau –[Eber, sein Name bedeutet.“ ein Eber. Das ist eine Art wortreiche Beleidigung] – von Wichsenstein war gestern selbst Ihr Anführer, und es war nur ein teuflischer Zufall, dass der Schurke nicht bei Ihnen war, als ich Sie mitnahm! Ihr zerlumpten Raufbolde hättet ihn niemals hergegeben Gipfel in diesem Sumpf- und Moorland, für jeden außer einem rechtmäßigen Herrn, und ich weiß, wo die Sau lauert – denn der Mörder eines

Boten darf nicht mehr als Eber bezeichnet werden. Nun denn, Sebald ! In welchem Weiler hier in der Nähe wohnt ein Schuster?"

Neufess gibt es den Krummen Peter , bei Reichelstorf Hackspann ", lautete die Antwort.

„Gut, so viel mussten wir wissen", sagte Starch. „Und nun, Kleiner", und er schüttelte den Mann noch einmal, „raus damit. Ist die Sau – oder, um keinen Fehler zu machen – ist Eber von Wichsenstein nach Neufeß oder nach Reichelstorf geritten ? Wer sollte nähen? die Stulpen zu seinen Schuhen, Peter oder Hackspann ?"

Das verängstigte Geschöpf faltete vor lauter Verwunderung seine schlanken Hände und rief: „Seit der Zeit des keuschen Joseph, der die Träume des Pharaos interpretierte, wurde im Land jemals so viel Weisheit geboren? Erhebe dich früher als solche elenden, gejagten Kerle wie wir. Er ritt nach Neufess , obwohl Hackspann der bessere Schuster ist. Reichelstorf liegt dicht an der Straße, über die du gekommen bist, mein Herr, und wenn Eber nur das Echo deines rechten, glorreichen Namens hört , mein Lord Baron und mächtiger Kapitän . . . . "

„Und wie ist mein Name – Euer Lord Baron und mächtiger Kapitän?" Stärke donnerte heraus.

"Dein?" sagte der kleine Mann unverfroren. „Dein? Barmherziger Himmel! Ich schwöre, ich hätte es dir bis zu diesem Moment sagen können; aber in solch einer Notlage könnte ein armer kleiner Schneider wie ich den ehrenvollen Namen seines eigenen Vaters vergessen!" Darauf lachte Starch und klopfte dem kleinen Schurken in aller Freundlichkeit hinter die Ohren, und als seine Soldaten, die er zum Bereitmachen befohlen hatte, ihre Pferde bestiegen hatten, rief er Uhlwurm zu : „Den Rest darf ich verlassen." zu dir, Meister; du weißt, wo Barthel den Schnaps verteilt! – Nun, Sebald , binde dieses Gesindel und beschütze es. – Und bereite einen Schweinestall vor . Wenn es mir nicht gelingt, den Eber noch in dieser Nacht nach Hause zu bringen, dann möge ich es schaffen Ich habe Dick Dule anstelle von Jörg Starch bis ans Ende meiner Tage gerufen !"

Und hiermit machte er seine Verbeugung, sprang in seinen Sattel und ritt mit seinen Männern davon.

„Ein flinker Kerl, nach Gottes Herzen!" sagte Meister Rummel zu meinem Onkel Conrad, als sie sich um ihn kümmerten. Und dass er in Wahrheit war; Obwohl wir kaum danach suchen konnten, erfuhren wir am nächsten Morgen, dass er seinen guten Namen bis ins Grab tragen würde, da er Eber von Wichsenstein in der Schusterwerkstatt gefangen genommen und nach Pillenreuth gebracht hatte , von wo er kam nach Nürnberg und dort zum Galgen.

Starch hatte einen würdigen Mann zurückgelassen, der seinen Platz einnahm; Kaum war er gegangen, zog der alte Uhlwurm dem Schneider den rechten Schuh aus, und nun wurde klar, warum Eppelein so ängstlich auf seine Füße gezeigt hatte; der ihm anvertraute Brief war tatsächlich in seinem Stiefel versteckt gewesen. Unter dem Futterleder der Sohle lag es, aber nur eines von Akusch an mich gerichtet. Doch als wir dem jetzt barfüßigen Schurken mit grausamer Folter gedroht hatten, gestand er, dass er, da er bis vor kurzem ein ehrlicher Schneider gewesen sei, weiche Füße habe, weil er jemals über seiner Nadel gesessen habe. Und als er die gestohlenen Schuhe anzog, schmerzte darin seine Sohle schwer, und als er unter dem Leder suchte, sah er einen großen Brief, eng gefaltet und versiegelt. Dies war die Ursache und der Grund dafür gewesen, dass er sich unwohl fühlte, und er hatte es geöffnet, da er ein forschender Geist war, und da er der Sohn eines Schulmeisters war, konnte er am besten lesen. Allerdings war die Bande gerade dabei, ein Feuer anzuzünden, um ihr Abendessen zuzubereiten, und obwohl es aufgrund der Nässe nicht brennen wollte, hatten sie das trockene Papier genommen und damit die schwache Flamme zum Aufflammen gebracht.

Es blieb also nichts mehr zu hoffen, als dass der Schneider sich zufällig an bestimmte Teile des Briefes erinnern würde; und in Wahrheit konnte er uns sagen, dass es an eine Magd namens Ann geschrieben wurde und darin solche Worte wahrer Liebe in großer Not und bitterem Abschied waren, die ihn zu Tränen rührten, weil er ebenfalls einmal eine gehabt hatte wahre Liebe.

Während er so sprach , erkannte er, dass Ann die Jungfrau war, an die der Brief geschrieben worden war, und er schüttete sofort einen großen Strom feuriger Liebesgelübde aus, wie er es vielleicht von seinen Amadis gelernt hatte , aber er sagte es nie: aus diesem Brief.

Zumindest eines konnte er uns aus Herdegens Brief mitteilen; und das war, dass der Autor viel über Sklaverei und ein großes Lösegeld sagte, und ebenso über eine bösartige Frau, die seine Feindin war, und über ihren Ehemann, dessen List auf keinen Fall zunichte gemacht werden konnte, es sei denn, es handele sich um List und Klugheit. Dies konnte er tatsächlich fast wörtlich wiederholen, weil er den Plan hatte, Eber zu drängen, mit seiner Räuberbande nach Ägypten aufzubrechen und diesen schuldlosen Sklaven aus den Händen der Ungläubigen zu befreien Heiden. Obwohl er sich selbst zum Straßendieb gemacht hatte, hatte man ihm nur aus Vernunft gesagt, dass von Wichsenstein kein anderes Ziel habe, als den Armen das zurückzugeben, was die Reichen ihnen geraubt hatten, und die Unterdrückten von der Macht zu befreien der mächtige. Dies alles hatte ihn nicht dazu gebracht, sich auf seiner Schneiderbank auszuruhen, bis er die Nadel niedergelegt und den großen Bratenspieß des Kochs ergriffen hatte. Schon bald hatte er herausgefunden, dass jeder für sich selbst sorgte, wie ein Herr wie ein

Mensch. Er selbst war zu vielen grausamen und schändlichen Taten gezwungen worden, schmerzlich gegen seinen Willen und alles Gute in ihm. Von seiner frommen und sanften Mutter hatte er eine sanfte und harmlose Seele geerbt, so dass er im Winter Zucker für die hungernden Fliegen streute, und es war ihm sogar zuwider gewesen, seine Nadel in ein fleischfarbenes Tier zu stechen Kleidungsstück aus reiner Angst, es zu verletzen. Als die anderen den Boten nackt auf der Straße zurückgelassen hatten, war er allein zurückgegangen und hatte die Wunde an seinem Kopf mit seinem eigenen Kopftuch verbunden, und mehr als Zeichen, dass er die Wahrheit sagte, trug das Kopftuch seinen Vornamen Ecke davon, „ Pignot “, das seine gute Mutter, Gott schenke ihr, dort eingenäht hatte. Er war nur ein armes Waisenkind, und wenn …. Hier versagte ihm seine Stimme und schluchzte. Aber schon bald erlangte er seine gute Laune wieder; denn Ann hatte tatsächlich den Buchstaben P auf dem Tuch um Eppeleins Kopf markiert, und der arme Kerl war von einer Wahrheit, die niemand anders verkündet hatte. Daraufhin wagten wir es, für ihn zu sprechen, und er verdankte es seiner eigenen Barmherzigkeit und den Briefen, die diese fromme Mutter in sein Kopftuch gelegt hatte. Später wurde er ein ehrlicher und würdiger Schneidermeister in Velden, und statt für seine unterdrückten Mitmenschen die Keule zu schwingen, erduldete er ungeachtet seiner selbst eine strenge Behandlung in großer Demut durch die Hände der großen Frau, die er zur Frau wählte war so ein kleiner Mann.

KAPITEL XI.

Herdegens Brief war mit Feuer verbrannt, und der Brief von Akusch war an mich gerichtet und enthielt außer Danksagungen und Treuebeteuerungen gegenüber mir, seiner „geliebten Geliebten", kaum etwas, mit Grüßen an Cousine Maud, die ihn stets mit gerechten Vorwürfen im Gefängnis gehalten hatte auf die richtige Weise und an jedes Mitglied des Haushalts. Das Pastscyiptum enthielt nur Nachrichten von großer Bedeutung; und es war wie folgt:

„ Außerdem erkläre und schwöre ich Ihnen, meine gnädige Frau, dass meine Verwandtschaft sich so gut um meinen Herrn Kunz kümmert, als wäre er zu Hause in Nürnberg. Seine Wunden sind schlimm, doch durch treue Fürsorge und durch die Gnade und Hilfe von Gott, der Allbarmherzige, sie sollen geheilt werden. Es mangelt ihm an nichts. Was das Lösegeld meines Herrn Herdegen betrifft , gibt es viele Hindernisse.

„Hätte Gott, der Allbarmherzige, meinem lieben Vater gewährt, sein hohes Gut noch ein paar Wochen länger zu behalten, wäre es für ihn eine Kleinigkeit gewesen, einen Sklaven freizulassen; aber jetzt wird er durch die böse Bosheit von in einen Kerker geworfen seine Feinde. Oh! dass der allweise Gott solche bösartigen Männer als seine Feinde leben ließ und als diese schamlose Frau, die Sie seit langem unter dem Namen Ursula Tetzel kennen! Aber Sie werden durch den Brief meines Herrn Herdegen alles erfahren haben, was ich habe Ich könnte es sagen, und du wirst verstehen, dass dein demütiger Diener täglich den allerhöchsten Gott anflehen wird, dir Wohlergehen zu schenken und dich veranlassen wird, einen weisen und mächtigen Kapitän hierher zu schicken, damit wir befreit werden; soweit die List und Wut unserer Feinde sind nicht weniger als ihre Macht. Sie sind Löwen und gleichermaßen giftige Schlangen.

Diese Zeilen wurden mit dem Namen Akusch und den Worten „Ibn Tagri Verdi al-Mahmudi" unterzeichnet, was bedeutet: Akusch , Sohn von Tagri Verdi al-Mahmudi.

Wir waren zu Hause in der Forest-Lodge oder wann immer die Sonne untergegangen war; dort fanden wir Tante Jacoba Sie war ruhiger , als wir gehofft hatten, denn ihr Mann hatte ihr nicht nur eine kurze Nachricht von uns geschickt, sondern sie hatte auch genauer alles gehört, was uns ferngehalten hatte. Kubbeling hatte sich, obwohl die Äbtissin ihn an ihren Tisch eingeladen hatte, heimlich davongeschlichen, um der trauernden Dame einen Boten zu schicken, während der Gedanke an sie ihm unter den Feiernden keine Ruhe ließ. Eppelein war weder besser noch schlechter. Aber an seiner Stelle Meister Windecke , der kaiserliche Rat , der in den Handelsangelegenheiten der ganzen Welt bewandert war und der in unserer

Abwesenheit durch seine Güte das Herz der anderen Frauen und vor allem von Cousine Maud völlig gewonnen hatte Dieser Diskurs konnte einiges interpretieren, was uns in Akuschs Brief unklar geblieben war. Als ich es ihm zeigte , sprang er erstaunt auf und erklärte, dass der Vater meines Knappen, Tagri Verdi al-Mahmudi, einer der berühmtesten Heerführer gewesen sei, der in Zypern den großen Schlag geführt und König Janus entführt hatte zum Sultan in Kairo. Nein, und er konnte uns auch sagen, was zum Sturz ebendieses Tagri Verdi geführt hatte, da er die Geschichte von einem gewissen edlen Herrn aus Zypern gehört hatte, der an den Hof von Kaiser Sigismund gekommen war, um ihn um Geldbeschaffung zu bitten für das Lösegeld von König Janus, wie folgt: Als Akuschs ruhmreicher Vater zusammen mit Burs Bey, dem heutigen Sultan von Ägypten, in die Würde eines Häuptlingsmameluken erhoben wurde, wurden beide während eines bestimmten Krieges ins Gefängnis geworfen und lagen dort Verlies. Tagri Verdi hatte eines Nachts geträumt, dass sein Gefährte, Burs Bey, zu gegebener Zeit auf den Thron gesetzt werden würde, und hatte ihm dies offenbart. Als sich diese Prophezeiung dann erfüllte und Burs Bey Sultan wurde, stieg Tagri Verdi Schritt für Schritt zu hohen Ehren auf und hatte als oberster Emir und Hauptmann seines Souveräns viele glorreiche Kämpfe gewonnen. Der Sultan überhäufte ihn mit Ehren und Schätzen, bis er erfuhr, dass sein früherer Gefährte einen weiteren Traum geträumt hatte und dass es dieses Mal sein Schicksal sein würde, den Thron zu besteigen. Daraufhin hatte Burs Bey große Angst; Deshalb hatte er den siegreichen Kapitän ins Gefängnis geworfen, und viele fürchteten um Tagri , dass sein Leben nicht verschont bleiben würde.

Und Meister Windecke könnte uns noch mehr darüber erzählen; und als wir von ihm hörten, dass unser Kaiser aufgrund der leeren Kassen nichts tun konnte , um König Janus freizukaufen, und dass die Republik Venedig es gern in die Hand nehmen würde, waren wir insofern in größerer Angst als je zuvor Dies muss den hohen Respekt, den die Republik im Land Ägypten bereits genießt, und den, den ihr Konsul Giustiniani genoss, noch verstärken; und dadurch konnte seine Frau Ursula mit größerer Sicherheit ihrer Bosheit, die sie in ihrem Herzen gegen Herdegen trug, Luft machen .

So gingen wir schweigend und niedergeschlagen zu unseren Betten; und nachdem wir lange dort gelegen und keinen Schlaf gefunden hatten, kamen die Worte, und ich sagte: „Mein armer, lieber Kunz! Dort in diesem heißen maurischen Land zu sein, verwundet und allein! Oh, Ann, das muss voll sein.“ schwer zu ertragen."

„In der Tat schwer!“ sagte sie mit leiser Stimme. „Aber für einen freien Mann und einen so stolzen Mann wie Herdegen , ein Sklave eines ungläubigen Heiden zu sein, weit weg von allem, was er liebt, und für jeden unhöflichen

Blick getadelt und bestraft zu werden; Oh, Margery!, wenn man darüber nachdenkt!“ Und ihre Stimme versagte.

Ich sprach mit ihr und zeigte ihr, dass wir sehr dankbar dafür waren, da wir nun endlich wussten, dass der, den wir liebten, noch am Leben war.

Dann herrschte Stille im Saal; aber ich erinnerte mich damals an das, was Akusch geschrieben hatte, dass er einen weisen und mächtigen Herrn anflehte, von Nürnberg aus aufzubrechen, um den Feind zu überwältigen, und jetzt zerbrach ich mir den Kopf, um darüber nachzudenken, wen wir schicken könnten, um die Sache meiner Brüder in die Hand zu nehmen – und doch immer noch vergebens. Ich konnte mir niemanden vorstellen, der bequemerweise für so lange Zeit sein Zuhause verlassen könnte oder wer tatsächlich für ein solches Unternehmen geeignet wäre.

weiß nicht , wer von uns beiden zuerst eingeschlafen ist ; Als ich am Morgen aufwachte, hatte Ann das Zimmer bereits verlassen; Und während Susan mir die Haare flocht, wurde mir alles klarer, was ich in der Nacht geplant hatte, und ich ging mit einem großen Vorsatz die Treppe hin und her, der mein Herz schneller schlagen ließ. Als ich den Ball betrat, sah ich dasselbe, obwohl ich jetzt wach war, wie ich es gestern Morgen im Halbschlaf gesehen hatte. Doch war es nicht Uhlwurm , sondern Kubbeling , dem Ann den Hof machte. Als er ihr gegenüberstand, sah sie ihm vertrauensvoll in die Augen und hielt seine große Hand in ihrer; nein, und als sie mich sah , ließ sie es nicht los, sondern rief mit klarer und dankbarer Stimme: „So ist es also, Pater Seyfried ; und wenn du tust, was ich dich flehe, wird alles ein gutes Ende nehmen und.“ Du wirst dich dein ganzes Leben lang mit großer Freude an eine so gute Tat erinnern.

„Was „große Freude“ betrifft, weiß ich nicht“, antwortete er. „Denn wenn ich nicht der allergrößte Narr im ganzen Land von Venedig bis Island bin, so heiße ich nicht Kubbeling .“ Ich kenne mich selbst kaum! Aber lassen Sie das durchgehen: Ich stehe zu meinem Wort, auch wenn ich die Schmerzen auf der Winterreise ertragen werde.

„Die Heiligen werden dich bei einem so frommen Auftrag beschützen“, erklärte Ann. „Und wenn sie dich dennoch treffen sollten, lieber Vater, werde ich dich betreuen, wie deine eigene Tochter es tun würde. Und nun noch einmal deine Hand und tausend, tausend Dank.“

Daraufhin streckte Kubbeling mit einem melancholischen Knurren und doch einem Lächeln im Gesicht seine Hand aus, und Ann hielt sie fest und rief mir zu: „Du bist Zeuge, Margery, dass er versprochen hat, meinen Willen zu tun. Oh, Margery.“ , ich könnte vor Freude fliegen!“

Und wahrlich, es war mir , als wären die Flügel gewachsen, und ihre Augen funkelten voller Freude und Dankbarkeit. Und ich hatte schon in ihren ersten

Worten erkannt, wozu sie Kubbeling verführt hatte ; Und wahrlich, es war für mich ein Wunder, denn ich selbst hatte mir in den Nachtwachen und während meines Haars das Gleiche vorgestellt hatte: Nämlich, Kubbeling anzuflehen , mein Gefährte und Hüter auf einer Reise nach Ägypten zu sein . Wer außer ihm kannte den Weg so gut? Aber Ann hatte mich daran gehindert, und während ich nun auf der Treppe Stimmen hörte, fand ich noch Zeit, ihr zuzurufen: „Wir gehen zusammen, Ann; das ist eine geklärte Sache!“

Daraufhin blickte sie mich zunächst erstaunt, dann mit einem glückseligen, zustimmenden Lächeln an und sagte: „Du hattest dir das Gleiche vorgestellt, ich weiß. Ja, Margery, wir gehen.“

Die anderen marschierten nun herein, und mir blieb keine Zeit mehr, als hastig ihre Hand zu ergreifen. Doch als die meisten unserer Gäste ins Refektorium gegangen waren, wo das Morgenessen inzwischen auf dem Brett dampfte, waren niemand mehr bei uns außer Cousine Maud, Onkel Conrad und Onkel Christian; und Onkel Conrad erkundigte sich bei dem Braunschweiger, ob er tatsächlich beabsichtige, an diesem Tag aufzubrechen, und der Mann antwortete mit „Nein“, wenn ja, würde ihm seine Lordschaft, der Großförster, noch eine Weile Schutz gewähren und einem Plan zustimmen, dem er gefolgt war gerade jetzt verführt.

Und mein Onkel reichte ihm die Hand und sagte, je länger er bleiben könne, desto besser. Und dann fragte er neugierig, was dieser Plan sein könnte. Ich nahm es mir jedoch vor, etwas zu sagen, und erzählte ihm in wenigen Worten, dass wir darüber nachgedacht hatten, wen wir am besten aussenden könnten, um meinen Brüdern zu helfen, und dass mit der Morgensonne Licht in unseren Gedanken aufgegangen sei, und so weiter Obwohl wir einen treuen und erfahrenen Begleiter gefunden hatten, war es unser fester Vorsatz....

Hier brach Cousine Maud ein, die sich mir mit offenen Ohren genähert hatte und voller Angst schrie: „Was?“ Dennoch schaute ich ihr in die Augen und fuhr fort:

„Wenn wir uns dazu entschlossen haben, Cousin, wird die Sache erledigt sein, damit Sie und alle sicher sein können – das steht so sicher wie die Burg auf dem Felsen. Und es sei Ihnen allen bei allem gebotenen Respekt bekannt, dass dies der Fall ist Mal werde ich zulassen, dass niemand meinen Weg kreuzt. Ein für alle Mal werde ich, Margery und Ann mit mir in Kubbelings Begleitung in das Land Ägypten und nach Kairo selbst aufbrechen!“

Die würdige alte Frau stieß einen Schrei aus, und während der Braunschweiger die Speisesaaltür schloß, damit wir nicht gehört wurden, brach sie mit glühenden Augen außer sich vor Zorn aus: „Wahrlich und wahrlich! Das ist also Ihr Vorsatz!“ Der Jungfrau sei Dank, Sagen und Tun sind bei weitem nicht ein und dasselbe. Glaubst du, dass du die ganze Liebe zu diesen beiden Jünglingen da drüben in alleinigem Lehen oder Pachtvertrag hast? Als ob andere nicht ganz so bereit wären wie du, ihr Bestes zu geben, um sie zu retten. Ein Kopf, der gegen eine Wand rennt, zerschmettert seinen Schädel! Mägde sollten niemals Dinge anfassen, die ihnen nicht ziemen! Was kommt als nächstes für eine kluge Fantasie! – Dass es ins Gehirn gekommen sein sollte Ein Schopper ist kein Wunder, aber Ann, umsichtige Ann! Hätte irgendein Mann in unseren jungen Tagen von so etwas geträumt, Master Cousin? Da stehen sie, zwei wohlgeborene Nürnberger Mädchen, die man noch nie allein nebenan gehen ließ nach Ave Maria! Und sie sind begierig darauf, die Meere zu einem dunklen, fremden Ort zu überqueren, in die Rachen der schrecklichen Heiden, die christliche Menschen abschlachten!“ Daraufhin klatschte sie in die Hände und lachte laut, wenn auch nicht aus tiefstem Herzen, und schwärmte dann weiter: „Wenigstens ist das etwas Neues, und das erste Mal, dass man in Nürnberg jemals etwas Ähnliches gehört hat!“

Wenn sich das ganze heilige Römische Reich zum Widerstand und zum Spott gegen uns erhoben hätte, hätte es weder Ann noch mich bewegt, und ich antwortete laut und standhaft: „Alles Richtige und Gute, was jemals in Nürnberg getan wurde, meine Güte.“ „Herzensliebe Cousine, wurde dort einmal zum ersten Mal gemacht; und es ist richtig und gut, dass wir gehen sollten, und wir haben vor, es zu tun!“ Daraufhin zog sich Cousine Maud voller Abscheu und Erstaunen zurück und blickte mit fragenden Augen und einem so verwunderten Gesicht von einem zum anderen, als ob sie versuchte, ein dunkles Rätsel zu lösen. Dann begann sich ihr riesiger Busen auf und ab zu bewegen, und wir, die wir sie kannten, konnten nicht umhin zu bemerken, dass etwas Großes und Seltsames sie bewegte. Und während sie nun ihren schweren Kopf hin und her schüttelte und ihre Fäuste fest in die Hüften stemmte, wartete ich auf einen plötzlichen und schrecklichen Sturm, und mein Onkel Conrad blickte ihr ebenfalls mit erwartungsvoller Angst ins Gesicht; Dennoch ließ es lange auf sich warten. Was empfand ich dann, als sie endlich ihre Hände von ihren Seiten nahm und ihre rechte Hand in ihre linke Handfläche schlug, so dass es erneut klingelte und eifrig, wenn auch mit schelmisch guter Laune und tränenreichen Augen, ausbrach: „Wenn tatsächlich alles.“ Gutes und Rechtes, was jemals in Nürnberg getan wurde, muss dort einst zum ersten Mal getan worden sein, unsere gute Stadt soll jetzt sehen, dass eine grauhaarige alte Frau mit Gicht in den Zehen über Meere segeln kann , von der Pegnitz bis ans Land der barbarischen Heiden und Kairo! Deine Hand darauf, junger Kubbeling , und deine, Jungfrauen. Wir werden Mitreisende sein . Unterzeichnet und versiegelt. Streue Sand darauf!“

Daraufhin schrie Ann, die still zu sein pflegte, laut und warf sich zuerst auf den Hals meiner Cousine, dann auf meinen und dann auf den meines Onkels; er stand tatsächlich wie zutiefst beleidigt da, ebenso wie mein guter Pate Christian. Doch sie wollten nichts sagen, um unsere Freude nicht zu trüben, obwohl Onkel Pfinzing knurrte, dass unser Plan pure jugendliche Torheit, Eigensinn und dergleichen sei. „Jedenfalls ist es ein ungelegtes Ei, solange meine Frau der Pfefferbrühe keinen Senf hinzugefügt hat“, erklärte Onkel Conrad und machte sich auf den Weg, um meiner Tante die Nachricht zu überbringen, was für eine verrückte Torheit die Köpfe dieser Frauen hervorgebracht hatten.

Sogar Kubbeling schüttelte den Kopf, obwohl er kein Wort sagte, da er wusste, dass es schwer war, mit den Mächten jenseits der Meere zu kämpfen.

Er und seine Cousine Maud hatten mit Onkel Christian immer ein gutes Verhältnis gehabt, aber heute war mein Onkel nicht gerade zufrieden; weder einen Blick noch ein Wort hatte er für die Liebste seines Herzens, Ann; und als er sich bald einigermaßen erholte, stürmten wir herum, mit so rotem Gesicht und so wütendem Zorn, dass wir befürchteten, er könnte einen weiteren Schwindelanfall bekommen, und sagten: „ Kubbeling und Cousine Maud könnten sich schämen, da sie alt genug seien.“ um es besser zu wissen und benahmen sich wie zwei junge Verrückte. Und so machte er weiter, bis es zu viel für die Ausdauer des Braunschweigers war, und plötzlich schrie er in großem Zorn, dass das, was er versprochen hatte, in Wahrheit nicht weise war, da er dadurch nichts als Unheil anrichten würde, und doch war es so Es ging ihn allein an, und er nahm alles auf sich, obwohl Meister Pfinzing vielleicht fragen würde, warum und zu welchem Zweck er dadurch eine Verletzung riskieren sollte, während ihm der unglückselige Junker Schopper seines Wissens nach kaum mehr bedeuten konnte als der Mann im Mond. Er pflegte, sagte er, sorgfältig darauf zu achten, seine Haut nicht für andere Leute aufs Spiel zu setzen, aber in dieser Angelegenheit schien es ihm kein allzu teures Geschäft zu sein. Gegen Herrin Ursula, die wahrste Hexe im ganzen Land Ägypten, konnte weder der stärkste Wille noch die stärkste Faust etwas ausrichten ; Dafür brauchte es einen besseren Kopf als die schwere Hirnschale, die Gott, der Allmächtige, auf seinen kurzen Hals gelegt hatte, und dennoch hatte er geschworen, ihre Schurkerei zunichte zu machen . Unsere treuen Herzen und klugen Köpfe wären die Hilfe, die er brauchte. Er vertraute darauf, dass Cousine Maud es wagen würde, mit dem alten Nick selbst zu tanzen, wenn es nötig sein sollte. Und er war Manns genug, um uns alle drei zu beschützen. Und nun wusste Meister Pfinzing Bescheid, und wenn er noch mehr hören wollte, würde er ihn unter den Vögeln finden, während Uhlwurm noch am selben Tag ohne ihn mit ihnen aufbrechen sollte.

Und er wandte meinem Onkel den Rücken zu und verließ mit schweren Schritten die Kammer; aber er drehte sich auf der Schwelle um und rief:

„Aber halten Sie Ihre Lippen davon ab, zu erzählen, was Sie im Kopf haben, Meister, und besonders denen, die dort beim Essen sind, als ob Sie diese Tetzel-Natter berühren würden; denn der Wind fliegt darüber. “ Meere schneller als wir können.

Während er so sprach, hatte Onkel Christian seine Fassung wiedererlangt und folgte Kubbeling mit solcher Eile, wie es sein riesiger Körper zuließ, und es war nicht mehr nötig , mit ihm zu streiten .

Die übrigen, die beim Frühstück gesessen hatten, hatten glücklicherweise nichts von unserem Streit mitbekommen, denn Meister Windecke hatte so viel neuen Stoff zur Diskussion, dass jedes Ohr an seinen Worten hing; und er vergaß wieder einmal zu essen, während er redete. Tatsächlich waren bei Cousine Maud gewisse Zweifel aufgetaucht, als sie der zornigen Rede meines Paten zuhörte; doch selbst stärkerer Widerstand hätte sie niemals von allem abbringen können, was sie für wirklich gut und richtig hielt; Allerdings war sie mehr als bereit, es uns zu überlassen, die Angelegenheit mit Tante Jacoba zu regeln . Wir gingen die Treppe zu ihr hinauf, und an der Tür ihres Zimmers verließ uns unser Mut, da wir durch die Tür die wütende Rede meines Onkels und das Lachen hören konnten, das meine Tante auszustoßen pflegte, wenn ihr etwas zu Ohren kam, was sie war Ich höre es nicht gern .

„Und wenn sie Nein sagen würde?“ sagte ich zu Ann. Daraufhin breitete sich eine wirklich traurige und schmerzliche Wolke über ihr Gesicht aus, und sie antwortete mir in einem niedergeschlagenen Ton, dass dann tatsächlich alles zu Ende sein müsse, und ihre größten Hoffnungen wurden zunichte gemacht, weil sie Herrin Waldstromer mehr schuldete als je zuvor zurückzahlen konnte, und was auch immer sie gegen ihren Willen unternehmen würde, würde mit Sicherheit kein gutes Ende nehmen. Und wir hörten wieder das Lachen meiner Tante; aber dann fasste ich Mut und öffnete den Riegel, und Ann ging voran in die Kammer.

Hätten wir jedoch äußerlich auch nur die kleinste Hoffnung gehegt, so scheiterte sie im Inneren völlig. Als wir hineingingen, stand mein Onkel neben meiner Tante; sein Rücken war uns zugewandt und er sah uns nicht; Aber allein seine Miene zeigte uns, dass er zornig und provoziert war: Seine Stimme bebte, als er mit einem Schulterzucken und erhobener Hand laut schrie: „So ein Vorsatz ist reiner Wahnsinn und höchst unziemlich!“

Als ich dann zum dritten Mal hustete, um ihn auf unsere Anwesenheit aufmerksam zu machen, drehte er sein rotes Gesicht zu uns und schrie in großer Wut: „Hier seid ihr selbst verantwortlich; und was auch immer kommen mag, das wird es zumindest tun.“ gesagt werden: ‚Wenn dabei Unheil entsteht, wasche ich meine Hände in Unschuld!‘“

Daraufhin ging er in aller Eile zur Tür und hatte die Hand gehoben, um sie zuzuschlagen, als er sich an den schlechten Gesundheitszustand seiner geliebten Frau erinnerte, sie sanft schloss und sanft den Riegel fallen ließ.

Wir standen vor Tante Jacoba und konnten unseren Augen und Ohren kaum trauen, als sie ihre Arme weit öffnete und mit strahlenden Augen und froher Zufriedenheit rief: „Kommt, kommt zu meinem Herzen, Kinder! Oh, ihr gut.“ , liebe, tapfere Mägde! Warum, warum bin ich ein so altes, so gefesseltes, so krankes Geschöpf? Warum darf ich nicht mit euch gehen?“

Bei ihren ersten Worten waren wir an ihrer Seite auf die Knie gefallen, und sie drückte inbrünstig unsere Köpfe an ihre Brust, küsste unsere Lippen und Stirnen und rief mit immer strahlenden Augen: „Ja, Kinder, ja! Es ist mutig, und der richtige Weg; Mut und wahre Liebe sind in den Herzen der Frauen von Nürnberg nicht tot. Ach, und wie oft habe ich mir vorgestellt, dass ich selbst aufstehen und nach meinem frechen, lieben, rücksichtslosen Exil, meinem eigenen Götz , fliegen könnte , sei er, wo er wolle, über Berge und Meere bis an die Enden der Erde! – Ich, ein unglückliches, leidendes Skelett! Doch was den Alten verwehrt ist, das mögen die Jungen tun, und die Jungfrau und alle Heiligen werden dich beschützen ! Und Kubbeling , Young- Kubbeling , dieser tapferste, treueste Seyfried ! Bring ihn hoch, um mit mir zu sprechen. So rau und so gut! – Mein Alter muss zwar stürmen und toben, aber dann sein schwacher und kränklicher Niemand von Eine kleine Frau kann ihn um den Finger wickeln. Überlassen Sie ihn mir und seien Sie sicher, dass Sie seinen Segen gewinnen werden. Nach dem Mittag machten sich Uhlwurm und der Vogelwagen auf den Weg nach Frankfurt, wo sich Kubbelings ältester Sohn aufhielt, um seinen Vater mit frischen Falken zu treffen. Oder wann immer der grimmige alte Graubart sein Pferd bestieg, flüsterte er Ann zu: „Ehrwürdige aller Jungfrauen, finde irgendeinen Trick, um Seyfried dazu zu bewegen , mich in deine Gemeinschaft mit in das Land Ägypten zu nehmen, und ich werde einen Zauber wirken, der … Gebt euch euren Geliebten auf jeden Fall zurück, wenn er es tatsächlich nicht ist ... “ und er wollte gerade „weg“ rufen, wie es seine Gewohnheit war; dennoch hielt er sich zurück und sprach es nicht. Der junge Kubbeling blieb in der Waldhütte; und was meinen Onkel betraf, so stellte sich bald heraus, dass meine Tante in dieser Angelegenheit recht gehabt hatte; ja, als wir nach Hause in die Stadt gingen, schien es mir , als ob er und seine Frau von Anfang an einer Meinung gewesen wären. Unser Vorhaben gefiel ihm umso mehr, je sicherer er zu glauben lernte, dass der Verstand unserer kleinen Frauen vielleicht in der Lage sein würde, seinen wandernden Sohn zu finden und ihn dazu zu verleiten, in das Waldhaus seines Vaters zurückzukehren.

KAPITEL XII.

Wir befolgten sorgfältig Kubbelings Rat, unser Vorhaben geheim zu halten, und es blieb sogar vor den Gästen der Lodge verborgen. Andererseits war ihnen alles gesagt worden, was Herdegens Brief enthalten hatte, und dass es Ursula war, die ihn mit so bösartiger Bosheit verfolgte. Doch obwohl wir jeden in Nürnberg verpflichtet hatten, in dieser Angelegenheit Stillschweigen zu bewahren, konnte keine Frau und vielleicht auch kein Mann solche seltsamen Vorkommnisse vor nahestehenden Verwandten und Verwandten geheim halten; und obwohl wir vielleicht nicht sagen, was in Wahrheit der Heimkehr unserer Brüder im Wege stand, kursierten unter unseren Cousins und Gerüchten Gerüchte, dass eine riesige und unerreichbare Summe nötig sei, um die beiden jungen Schoppers freizukaufen . Und andere wunderbare Berichte gelangten ins Ausland und malten die Sklaverei meines Bruders in schrecklichen Farben.

Anfangs machte mich das wütend, aber bald provozierte es mich weniger, da dieses große Mitleid geweckt wurde; und genau diese Bürger und Damen, die einst Herdegen als ein Glied Satans zu tadeln pflegten und gern gesehen hätten, wie er zum Galgen geführt würde, erinnerten sich jetzt anders an ihn. Ja, Mitgefühl hat freundliche Augen, weit offen für alles Gute und bereit, sich für alles Böse zu verschließen, und so begab es sich, dass die edlen Gaben des armen Sklaven, der jetzt der Stadt verloren ging, gelobt wurden in den Himmel. Daraufhin erhielt ich einen Brief meines Herrn Kardinals mit der tröstenden Nachricht, dass er bereit sei, meinem Großonkel Im Hoff die letzte Salbung zu spenden, falls sein Leben bei der Rückkehr seiner Eminenz aus England in Gefahr sein sollte. Unsere nächsten Briefe sollten ihn auf seinen Befehl hin in Brüssel treffen, und als die alte Dame Pernhart ihre Zustimmung zu unserer Reise in das Land Ägypten gegeben hatte – während Tante Jacoba ihre Weisheit und ihren klugen Witz hoch schätzte –, war sie umgezogen Als sie ihren Sohn und Dame Giovanna aufforderte, das Gleiche zu tun, schrieb Ann einen langen Brief an Mylord Cardinal, das ehrwürdige Oberhaupt der Pernhart- Familie, in dem sie in rührenden Worten darlegte, aus welchem Grund und zu welchem Zweck sie ein so kühnes Unterfangen gewagt hatte. Sie flehte ihn um Hilfe und seinen Segen an und erklärte, dass die innere Stimme, der er sie beigebracht hatte zu gehorchen, ihr die Gewissheit gebe, dass das Ziel, das sie vorhabe, in den Augen Gottes und der Jungfrau angenehm sei.

Ich für meinen Teil hätte niemals einen so schönen Brief schreiben können; und wie ruhig würde Ann jetzt die Pflichten des Tages erfüllen, während Cousine Maud, obwohl ihre Füße sie kaum tragen konnten, hier, dort und überall war wie ein Irrlicht.

Ann war es, die als erste auf die Idee kam, mit dem jungen Kubbeling zum Haus der Futterers zu gehen und sich dort nach den Straßen nach Genua zu erkundigen, und auch nach den Kaufleuten, die sich dort möglicherweise bereit fanden, seine Falken zum Verkauf nach Alexandria zu versenden ; insofern, als wir Ursulas Spionen nur dadurch entkommen konnten, dass wir in einer Galeone reisten, die nicht von Venedig aus segelte ; und dass Kubbeling durch uns einen Verlust erleiden sollte, konnten wir auf keinen Fall zulassen. Und während der alte Meister Futterer selbst jetzt in Nürnberg war, erklärte er sich bereit, die Vögel wegen seines eigenen Hauses zum gleichen Preis wie die Händler in Venedig zu kaufen; Auch der Brunswicker hatte keine Hemmungen, denn er könnte am Lido bald einen besseren Preis erzielen, wenn man doch wissen sollte, dass ihm andere Mittel und Wege zur Verfügung standen. Auch die Anreise über Genua verschaffte uns den Vorteil, dass wir an keine Zeit und Jahreszeit gebunden waren. Altmeister Futterer gelobte, jederzeit ein Schiff zu finden, wenn Kubbeling es brauchen sollte.

Obwohl wir Mitte Dezember aufbrechen wollten, gingen wir Anfang des Monats zur Waldhütte, und so wie es damals bei mir war, so musste es mit Sicherheit auch bei den Schwalben und Nachtigallen sein oder jemals Sie fliegen über Berge und Meere nach Süden. Nie war die reine Luft süßer gewesen, nie hatte ich mit größerer Hoffnung, Kraft oder größerem Ziel in die Zukunft geblickt. Und meine schwache, kränkliche Tante Jacoba schien mir gleichgesinnt zu sein . Im Geiste war sie stets eifrig bei uns in dieser fernen Region, und obwohl sie früher immer Ann mir vorgezogen hatte, drehte sich nun plötzlich der Spieß um; Sie konnte nie genug von mir sehen, und als Ann endlich Lust hatte, mit Onkel Christian nach Hause in die Stadt zu gehen, flehte sie mich so dringend an, bei ihr zu bleiben, dass ich zwangsläufig nachgeben musste; und tatsächlich war ich zufrieden damit, dort zu verweilen, da der Wald jetzt in seiner ganzen Pracht war.

Die zartesten Spitzen hingen über den bereiften Bäumen. Sie waren, wie es schien , in geschmolzenes Silber und Kristall getaucht, und der ganze Wald war mit glänzender Emaille überzogen und dicht mit klaren Diamantfunken übersät. Und wie hell glitzerte alles, als die Sonne aus dem Morgennebel aufstieg und aus blauem Himmel auf all diese Pracht herabstrahlte! Nachts erleuchtete der Mond den gefrorenen Wald mit einem sanfteren und liebevolleren Strahl, und bis in die späte Stunde blickte ich auf ihn oder auf das Sternengewölbe, wo die Sternschnuppen aus der dunkelblauen Tiefe herüberflogen. Nun ist es vielen, die noch in ihrer grünen Jugend sind, wohlbekannt, dass, wann immer es uns passiert, wir gerade dabei sind, an einen Herzenswunsch zu denken, gerade so wie ein Stern fällt, dieser mit Sicherheit in Erfüllung geht; Und siehe, schon in der nächsten Nacht, als ich nach oben blickte und in meinem Herzen darüber nachdachte, ob wir tatsächlich meine Brüder retten und meinen Cousin Götz finden könnten, wie seine kranke Mutter so inbrünstig gehofft hatte, fiel ein heller Stern es war direkt vor mir. Daraufhin ging ich so gut gelaunt und so selbstsicher zu Bett, wie ich mich vor oder nach dieser Nacht selten gefühlt habe.

Und als ich am nächsten Morgen in bester Stimmung und fröhlicher Stimmung zu meiner Tante ging, merkte sie, dass mir etwas Gutes widerfahren war. Als ich ihr dann erzählt hatte, was ich im Kopf hatte, als der Stern fiel, der, wie kleine Kinder glauben, aus der Hand eines Engels fällt, der von der Herrlichkeit des allmächtigen Gottes geblendet ist, blickte sie mir traurig ins Gesicht lächle und bitte mich, mich an ihre Seite zu setzen. Und sie nahm meine Hand in ihre und öffnete ihr Herz so weit, wie sie es bis zu dieser Stunde noch nie getan hatte. Es war deutlich zu sehen, dass sie schon lange auf diesen ausführlichen und freien Vortrag gewartet hatte, und sie gestand, dass sie mir nie die Liebe und Fürsorge entgegengebracht hatte, die mir tatsächlich gebührte. Der bloße Anblick von mir hatte der offenen Wunde schon immer wehgetan, denn schon vor langer Zeit, oder als ich zum ersten Mal zur Schule ging, hatte sie ihre größten Hoffnungen auf mich gesetzt. Sie hatte mich immer als die zukünftige Frau ihres einzigen Sohnes angesehen, und Götz selbst war derselben Meinung gewesen, während er in seiner Kindheit und selbst als sein Bart aufkam, nichts mehr liebte als die kleine Margery mit ihrer roten Kapuze.

Und sie erinnerte mich jetzt an viele gute Taten, die ihr Sohn mir angetan hatte, und wie das einst, als mein Herr, der Oberkonstabler, ihn mit anderen Jungs nach Kadolzburg eingeladen hatte , was sie und mein Onkel als große Ehre empfanden, Er hatte gesagt: Nein , er würde nicht von zu Hause weggehen, weil Cousine Maud an diesem Tag kommen und mich mitbringen sollte.

> [Kadolzburg – Ein Landsitz der Oberpolizisten der Stadt Nürnberg und ihr Lieblingsaufenthaltsort, auch nachdem sie Kurfürsten von Brandenburg geworden waren. Es lag etwa dreieinhalb Meilen westlich der Stadt]

Daraufhin kam es zum ersten heftigen Streit mit seinen Eltern, und als mein Onkel drohte, er würde ihn mit Gewalt dorthin tragen, hatte er sich in den Wald geschlichen, war die ganze Nacht bei einigen Bienenzüchtern geblieben und kam erst mittags nach Hause Morgen, als es zu spät war, rechtzeitig zum Schloss zu reiten. „Um ihn dafür zu bestrafen, wurde er eingesperrt; aber als er unten meine Stimme hörte, ließ er sich am Regenrohr hinunter, ergriff meine Hand und rannte mit mir in den Wald und kam erst nach Ave Maria zurück. Und hierauf wurde er gründlich verprügelt, obwohl er schon damals ein toller Bursche und in allen Angelegenheiten ein guter Rat war.

Der damalige Zorn meines Onkels hatte in mir gelebt, aber mein Anteil an der Sache war mir neu und brachte Farbe in mein Gesicht. Allerdings dachte ich, es wäre vielleicht besser gewesen, wenn meine Tante es mir nie erzählt hätte; denn obwohl es wirklich schön zu hören war und meine Seele erfreute, würde es mich doch daran hindern, Götz offen ins Gesicht zu sehen, wenn ich ihn zufällig treffen sollte.

Dann erzählte sie mir ausführlich alles, was meinem Cousin widerfahren war, bis er auf Wanderschaft gegangen war. Als sie sich im Zorn getrennt hatten, hatte er ihr aus der Stadt geschrieben, dass er, wenn sie in ihrem Unmut standhaft bliebe, in einem fernen Land ein neues Zuhause für sich und seine Geliebte suchen sollte; und sie hatte ihm einen Brief geschickt, um ihm mitzuteilen, dass ihre Arme immer offen seien, um ihn zu empfangen, dass sie es jedoch niemals zulassen würde, dass der einzige Sohn und Erbe des alten und edlen Geschlechts der Waldstromer sich der Tochter eines Handwerkers hingibt mehr erblickte den, den sie von ganzem Herzen liebte. Nie mehr, und sie schwor es bei den Wunden des Erlösers mit dem Kruzifix in ihrer Hand, sollten ihm die Türen seiner Eltern geöffnet werden, es sei denn, er gab die Tochter des Kupferschmieds auf und bat seine Mutter um Verzeihung.

Und nun beklagte die kranke Alte ihre strenge Härte und ihren übereilten Eid mit bitteren Tränen; Götz war seiner Gertrude trotz ihres Briefes treu geblieben, und als ihn drei Jahre später die Nachricht erreichte, dass seine Geliebte vor Kummer und Sehnsucht dahingehungert sei und mit seinem Namen auf den Lippen dieses Leben verlassen habe, hatte er geschrieben die wilde Angst seiner jungen Seele, dass er, nachdem Gertrude tot war, von seinen Eltern nichts mehr zu erwarten hatte; und dass, während seine Mutter mit ihrer Hand auf das Bild des Erlösers geschworen hatte , ihm niemals ihre Türen zu öffnen, bis er seiner süßen, reinen Liebe entsagt hätte, er jetzt beim Bild des Gekreuzigten einen nicht weniger feierlichen und bindenden Eid ablegte Christus, dass er niemals heimkehren würde, bis sie ihn aus freien Stücken dorthin bat, und gestand, dass sie den frühen Tod dieser unschuldigen Magd bereute, während es unter allen edlen Jungfrauen von Nürnberg keine Vergleichbare gab, wie auch immer sie heißen mochten Sei.

Diesen Brief habe ich selbst gelesen und mir ist deutlich aufgefallen, dass die beiden durch übereilten Zorn ihre schönste Lebensfreude leider getrübt hatten. Obwohl ich genau wusste, wie hartnäckig Tante Jacoba war , bemühte ich mich dennoch, sie dazu zu bewegen, einen Brief an ihren Sohn zu schicken, in dem sie ihn nach Hause bat; dennoch wollte sie es nicht, obwohl sie sich selbst bitterlich beklagte.

„Nur eines von dem, was er von mir verlangt, kann ich ihm in Wahrheit gewähren", sagte sie. „Wenn du ihn findest, kannst du ihm sagen, dass seine

Mutter ihren herzlichsten Segen sendet, und ihm die tiefste Hingabe meines Herzens versichern; ja, und ihm klar machen, dass ich Sehnsucht nach ihm habe und dass ich seinem Willen insofern gehorche dass ich aufrichtig um den Tod seiner Geliebten trauere; denn das ist wahrlich die Wahrheit, die Jungfrau und die Heiligen seien meine Zeugen. Dennoch darf und werde ich ihm meine Türen nicht öffnen, bis er mich um Vergebung gebeten hat, und wenn ich es täte Daher muss er sich seine eigene Mutter als eine meineidige Frau vorstellen.

Daraufhin zeigte ich ihr – und meine Augen strömten über –, dass sein Eid im Gegensatz zu ihrem Eid stand und dass einer in den Augen des Allerhöchsten genauso wichtig war wie der andere .

„Lege dieses grausame Gelübde beiseite, meine liebe Tante", rief ich, „ich werde jede Pilgerreise mit dir machen, und ich weiß ganz genau, dass dir keine Buße zu schwer erscheinen wird."

„Nein, nein, ganz sicher, Margery, nein!" sie antwortete mit einem Stöhnen. „Und der Kaplan hat das Gleiche schon vor langer Zeit zu mir gesagt; und doch fühle ich in meinem Herzen, dass du und er im Unrecht sind. Ein Eid, geschworen durch die Wunden Christi ! – Außerdem bin ich der Ältere und seine Mutter, er ist der Jüngere und Mein Sohn. Es ist seine Aufgabe, zu mir zu kommen, und wenn er dann eine Pilgerreise unternehmen soll , dann nach Rom und zum Heiligen Grab . Er hat Zeit vor sich, um jede Buße zu tun, die die Heilige Kirche von ihm verlangen mag. I – Ich würde mich auf die Folterbank legen, nur um ihn noch einmal zu sehen, ich würde mich fasten und geißeln bis zu meinem Todestag; aber ich bin seine Mutter, und er ist mein Sohn, und es ist seine Aufgabe, den ersten Schritt zu tun, nicht Meiner, der ihn geboren hat.

Wie herzlich drängte ich sie immer wieder, und wie oft war sie im Begriff, dem lauten Aufschrei ihres Herzens nachzugeben! Dennoch kam sie immer wieder auf den gleichen Punkt zurück: dass es ihr unpassend erschien, die Erste zu sein, die ihre Hand ausstreckte, obwohl jedes ihrer Gefühle sie dazu trieb.

Die Briefe an Götz hatten ihn über ein Kaufmannshaus in Venedig erreicht. Das wussten seine Eltern, und sie hatten Kunz längst beauftragt, sich nach seinem Wohnort zu erkundigen. Doch seine Mühen waren umsonst gewesen , denn der verbannte junge Mann hatte den Händlern verboten, es irgendjemandem zu erzählen , egal wer ihn fragte. Allerdings hatte mein Onkel seinen Sohn in vielen Briefen gebeten, sich um die Krankheit seiner Mutter zu kümmern und nach Hause zu kommen; und in seinen Antworten hatte Götz seinen Eltern oft seine wahre und liebevolle Ergebenheit versichert; Dennoch hatte er seinen Eid gehalten und blieb jenseits der Meere. Diese Briefe zeigte mir auch meine Tante, und während ich sie las, forderte sie mich auf, es mir zur Pflicht zu machen, das Haus dieses Kaufmanns nicht zu verlassen und keine Ruhe zu finden, bis ich erfahren hätte, wo ihr Sohn wohnte: Das sagte sie, was ein Italiener leugnen würde Für einen Mann könnte ein schönes junges Mädchen noch etwas von ihm bekommen.

Es war noch nicht dunkel, als Meister Ulsenius kam und unser Gespräch unterbrach. Er war teilweise herausgekommen , um Eppelein zu sehen, und als uns eine Lampe gebracht wurde und wir neben dem treuen Jungen standen, rief er mich beim Namen und dann Onkel Conrad und sagte, dass er ruhig sei, auch wenn seine Glieder müde seien komfortabel; dass er hin und wieder ein Stechen verspürte, vor allem an seinem Hals, doch das beunruhigte ihn nur wenig, denn es zeigte ihm deutlich, dass der Gedanke, der ihn verfolgt hatte, dass er wirklich getötet wurde und sich in einer dunklen Hölle befand, wahr war aber ein schrecklicher Traum.

Als er dann so viel mit großer Mühe gesprochen hatte, wurde sein blasses Gesicht plötzlich rot, und er fragte erneut, wie er es während seiner Krankheit oft getan hatte, wo der Brief seines Herrn sei. Daraufhin erzählte ich ihm hastig, dass wir die Räuber gejagt und gerettet hatten, und es war eine Freude zu sehen, wie viel Trost und Freude ihm das bereitete. Und als er eine gute Tasse kräftigen Malvoisie getrunken hatte, konnte er sich aufsetzen und fragte, ob der Baron von Im Hoff bereit sei, die übergroße Nachfrage des Sultans zu befriedigen. Und um ihn zu beruhigen, antwortete ich darauf, dass wir guten Grund hätten, dies zu hoffen. Und war sein Verstand jetzt klar genug, um sich daran zu erinnern, wie hoch die Lösegeldsumme verlangt wurde?

Er lächelte listig und sagte, dass er das selbst als toter Mann kaum vergessen hätte, weil er die Worte auf dem Weg öfter vor sich hin gemurmelt habe, als jeder alte Mönch seinen Paternoster murmelt. Und als Onkel Conrad lachte und ihn scherzhaft aufforderte, es zu wiederholen, sagte er wie ein Schuljunge, der sich seiner Aufgabe sicher ist: „Für Meister Herdegen ." Schopper , Sklave des besagten Ungläubigen Abou Sef – [Vater des Krummsäbels] – in der Waffenkammer von Sultan Burs Bey im Schloss von Kairo wird ein Lösegeld in Höhe von vierundzwanzigtausend venezianischen Pailletten verlangt. George – Christina! Tod und Feuer auf dem Kopf des Ungläubigen!"

Als wir das hörten , glaubten wir alle, dass er sich in Bezug auf die Summe oder die Münze mit Sicherheit geirrt hatte, und wir dachten auch, dass seine letzten seltsamen Worte auf einen abschweifenden Geist zurückzuführen seien; Allerdings sollten wir bald erfahren, dass seine Botschaft wahrlich die Wahrheit war. Er fuhr sogleich mit einiger Mühe fort, dass sein Herr ihn dazu gebracht habe, ein Mittel zu verwenden, mit dem er sich die Nummer von allen anderen merken könne, für den Fall, dass der Brief durch Zufall verloren gehen sollte. Und auf diese Weise ließ er uns mit Gewissheit wissen, dass die geforderte hohe Summe kein Fehler seinerseits war. Zu diesem Zweck hatte er sich die Namen des Heiligen Georg und der Heiligen Christina in sein Gedächtnis eingeprägt, deren Tage im Kalender der 24. April und der 24. Juli sind, und die Zahl der Tausenden, die für das Lösegeld genannt wurden, betrug ebenfalls vier und zwanzig. Auch Herdegen hatte ihn aufgefordert, zweimal an die zwölf Apostel zu denken und noch einmal an die vierundzwanzig Stunden von Mitternacht bis Mitternacht. Für die meisten Leute käme es unvorstellbar vor, sagte er, und doch habe dieser teuflische Sultan tatsächlich vierundzwanzigtausend und nicht hundert Zechinen verlangt, wie wir tatsächlich aus dem Brief wissen müssen. Als er sich schließlich eine Weile ausgeruht hatte, ließen wir ihn uns mehr erzählen, und wir erfuhren, dass der Sultan beabsichtigt hatte, Herdegen ohne Bezahlung freizulassen, und er hätte ihn sofort zum gefangenen König Janus von Zypern führen lassen, zu dem er Er dachte, er könnte damit ein Vergnügen tun, aber Ursula Tetzel, die mit ihrem Mann daneben stand, hatte dem Sultan zugeflüstert, dass sie ihn wegen des dortigen christlichen Sklaven nicht eines großen Gewinns berauben würde – und sie zeigte auf meinen Bruder – stammte aus einer der reichsten Familien ihrer Heimatstadt, die für ihn ein königliches Lösegeld zahlen konnte, ohne dass dies eine große Belastung darstellte; und dass das Gleiche auch für Sir Franz galt, der ebenfalls freigelassen werden sollte. Daraufhin befahl der Sultan, dem es trotz der hohen Abgaben, die er auf alle Waren erhob, immer an Geld mangelte, dass Herdegen und die Böhmen wieder abgeführt werden sollten, und forderte dann dieses erbärmliche Lösegeld. Dann übernahm Ursula aus freien Stücken die Aufgabe, die Nachricht von den Forderungen des Sultans an die Verwandten und Verwandten der Sklaven zu senden, und obwohl sie zutiefst böswillig war, hatte sie dies nie getan.

An diesem Abend hörten wir vielleicht nicht, woher und aus welcher Quelle Eppelein das alles wusste, denn das viele Reden hatte ihn ermüdet. Alles, was wir dann erfahren konnten, war, dass es Ursula war und keine andere, von der der Junge immer noch als die Teufelin sprechen würde, die die Falle geplant hatte, die meinen anderen Bruder beinahe das Leben gekostet hätte. Doch hätte er ihn so weit verbessert gelassen, dass er, Eppelein , froh wäre, nicht schlechter zu sein.

Auch wenn uns diese Nachricht von Kunz gut aufmunterte, waren unsere Hoffnungen, Herdegen freizukaufen , tatsächlich in weiter Ferne, oder vielmehr im Reich der Nichts mehr; selbst wenn mein Großonkel eine so große Summe besäße, wäre es fraglich, ob er bereit wäre, sie zu zahlen; und was uns betrifft, wir hätten es niemals auf Kosten unseres gesamten Vermögens aufbringen können. Zu dieser Zeit waren der venezianische

Gulden und der Nürnberger Gulden im Wert nicht weit voneinander entfernt, und was die Summe von vierundzwanzigtausend Gulden bedeutete, kann sich jeder vorstellen, wenn ich das sage, nicht mehr als zwölf Jahre früher, die Freiheit des Prägens für das Ganze Die Stadt wurde Herdegen von Kaiser Sigismund geschenkt Valzner für viertausend Rheinische Gulden; und dass Meister Ulman Stromer sein schönes Wohnhaus hinter der Kapelle Unserer Lieben Frau mit den dazugehörigen Häusern und seinen Anteil am Haus des Riglers für zweitausendachthundert Gulden kaufte. Für die geforderte Summe hätte eine ganze Straße in Nürnberg verkauft werden können; ja, die große Burg Malmsbach an der Pegnitz wäre neuerdings von der Stadt für tausend rheinische Gulden gekauft worden, aber der Meister Ulrich Rummel , der sie besaß, wollte sich nicht davon trennen. Und wir mussten nun den Preis für zwei Dutzend solcher Festungen zahlen! Es war in der Tat eine unerhörte und teuflische Erpressung; Und als Kubbeling davon erfuhr, drehte er seine Tasche aus Wildkatzenleder um und begann zu toben und zu stürmen.

Tante Jacoba wurde blass, als sie die große Summe nannte, und sie war ebenfalls der Meinung, dass der alte Im Hoff, der in letzter Zeit viel Geld für Gelübde und Stiftungen ausgegeben hatte, niemals eine so große Summe herausgeben würde. Die reichsten Familien Nürnbergs könnten dazu bewegt werden, fünfzig und höchstens hundert Gulden für das Lösegeld eines Christen und eines Landsmannes zu zahlen, aber selbst zwanzig Gulden ließen sich so offenherzig finden, was nicht zu erwarten war , und wenn mein Pate Christian Pfinzing und die Waldstromers und die Hallers ihr Möglichstes tun würden und wir den größten Teil unseres gesamten Besitzes abgeben würden, könnten wir es kaum auf 24.000 Zechinen bringen, wenn mein Großonkel es täte nicht helfen.

So kam nach einem Tag der Hoffnung eine erste Nacht der Verzweiflung, und viele weitere mussten folgen, und ich sollte wieder einmal wissen, dass Unglück nie einzeln kommt.

Ich hatte auf eine Garantie gehofft, noch einmal mit Eppelein sprechen zu können , oder wenn ich mittags abreiste, und ihn in vielen Dingen zu befragen; Als ich jedoch in seine Kammer ging, begegnete mir Meister Ulsenius mit einem sorgenvollen Gesichtsausdruck und sagte mir, dass der arme Kerl wieder in seinen Gedanken schweife. Als ich gerade das Haus verließ, bewegte sich langsam ein Imkerwagen vom Hof. Die Hausfrau winkte mit der Hand, und unter der Schräge blickte mich das Gesicht von Dame Henneleinlein mit einem verächtlichen Grinsen an. Seit ihrem bösen Verhalten bei den Pernbarts hatten sie ihr das Haus verschlossen, und als sie es einmal gewagt hatte, auf den Schopperhof zu gehen , war sie auch von dort ausgeschlossen worden, und so empfand sie kein Wohlwollen gegen uns. Als ich mich nun bei der Haushälterin erkundigte, was der Zweck und

Grund dieses Besuchs sein könnte, versteckte die Frau unter ihrer Schürze ein Glas Honig, das ihr die alte Dame als Süßigkeiten für die Kinder gegeben hatte; und sie gab mir zu verstehen, dass die würdige Dame in den Wald gekommen sei, um den Honighonig ihrer Witwe einzusammeln, und auf dem Weg zu einem kleinen freundschaftlichen Gespräch geblieben sei. Aber ich dachte, dass „wenig“ eine seltsame Bedeutung haben muss, da die verwelkten Wangen der Hausfrau die Farbe der Brust eines Rotkehlchens hatten. Daraufhin drohte ich ihr mit dem Finger und fragte sie, ob sie der bösen alten Frau nicht mehr verraten habe, als sie sollte, aber sie bestritt den Vorwurf eifrig.

Meine Fahrt nach Hause in die Stadt am Nachmittag war nicht gerade angenehm, da eisiger Regen in Strömen vom Himmel strömte und sich mit Schnee vermischte. Je weiter wir kamen, desto schlechter wurden die Straßen, und doch als meine Gefährten am Stadttor umkehrten, um wieder nach Hause zu reiten, überkam mich eine seltsame, wilde Zuversicht. Sei es , dass die Nässe, die von mir und meinem kräftigen Pferd ablief, mich außerordentlich erfrischt hatte, oder ob es der unerschütterliche Vorsatz war, den ich mir beim Weiterreiten gesetzt hatte, alles bis zum Ende zu riskieren, um meine Brüder zu erlösen, ich weiß nicht. Aber bis heute fällt mir auf, dass mein Herz vor Zufriedenheit hoch schlug, als ich durch die dunklen Straßen ritt, und dass ich, wenn ich ein anderer Mann wie Herdegen gewesen wäre , vielleicht bereit genug gewesen wäre, mit dem ersten Streit anzufangen, der es tun würde habe mir nein gesagt .

So kam ich am Haus meines Großonkels vorbei; Dort sah ich von weitem eine brennende Laterne, wie ein Glühwürmchen zur Mittsommerzeit, die Straße entlang ziehen, und als ich sah, dass es kein anderer als der alte Henneleinlein war , der sie trug, setzte ich mein Pferd ab, das bis jetzt so gewesen war Schritt für Schritt watete er durch den Sumpf, zu einem schnellen Galopp, so schnell er konnte, und der Diener hinter mir, dicht an ihr vorbei. Und was für eine einfache Freude war ich, als unsere Pferde die alte Frau von Kopf bis Fuß bespritzten, denn ich war mir sicher, dass sie sich zu dieser späten Stunde zum Haus meines Großonkels hätte stehlen können, nur um zu verraten, was sie sich ausgesucht hatte von ihrer Freundin aufstehen und in der Waldhütte klatschen.

So kam ich besser zu Hause an, als ich gehofft hatte; und als Susan mir erzählte, dass Cousine Maud in der Küche war und das Abendessen bestellte, schlich ich die Treppe hinauf, wechselte hastig meine nassen Kleider, schickte meinen Mann los, um Ann zu sagen, dass sie zu mir kommen sollte, und dann in das beste Zimmer Ich holte den Elecampane-Wein hervor, den ich je für das beste Heilmittel gehalten hatte, als mein Cousin etwas Kraft brauchte. Meine Sorge war auch nicht umsonst; Denn als ich ihr nach und nach, sozusagen in kleinen Dosen, alle Neuigkeiten erzählt hatte, die ich gestern gehört hatte, und mit dem hohen und grausamen Preis endete, den der Sultan verlangte, schrie sie laut auf und drückte ihre Hände auf ihr Herz so weise, dass ich wirklich große Angst hatte. Dann leistete der Alantwein gute Dienste; Doch erst als sie viele Male davon getrunken hatte, sprach ihre Zunge wieder deutlich. Und als sie schließlich in der Lage war, damit zu wedeln, ging es lange Zeit ohne Pause und Ruhe weiter, in purer Ungeduld und gottlosem Schimpfen.

Als sie sich auf diese Weise beruhigt hatte, begann sie, wie ein Löwe in seinem Käfig, auf ein und demselben Brett auf dem Boden auf und ab zu gehen und sich einen nach dem anderen all unsere irdischen Besitztümer ins Gedächtnis zu rufen und darüber nachzudenken, wie wir könnten es schaffen, es für Gold zu verkaufen. Die ganze Summe tröstete uns nicht viel, denn ihr weltlicher Besitz befand sich, wie der der Waldstromers , auf Land, und in diesen Tagen der Gefahr durch die Hussiten war es schwer genug, Landbesitz zu verkaufen, und ihr größter Teil bestand aus Met und Weiden und ein paar Weinberge in der Nähe von Würzburg.

Es war von Anfang an ihr fester Vorsatz, als wäre es eine Selbstverständlichkeit, alles zu geben, was sie hatte, bis hin zu ihren Juwelen; und während sie zu Recht der Meinung war, dass ich um Herdegens Willen gleichgesinnt sein sollte, stellte sie mir keine Fragen, sondern fügte in Gedanken die Schopper- Juwelen hinzu, die ich von meinem Vater und meiner Mutter erhalten hatte, und begann dann damit zählen und rechnen. Es könnte vielleicht bis zu elftausend Zechinen sein, wenn wir alles verkaufen würden, was wir zu verkaufen hatten; Dennoch lag unser Erbe in der Kanzlei, und wie sie sehr wohl wusste, konnte kein Pfennig davon ohne die volle und bewährte Autorität von Herdegen und Kunz aufgegeben werden. Ich konnte auch nicht einmal das besitzen, was mir gehörte, weil unser Erbe nie geteilt worden war und unsere Häuser und Ländereien nicht mit einem Preis bewertet worden waren. Daher muss ich lange geduldig sein, sonst komme ich allein. Dies gilt umso mehr, als die Herren der Kanzlei verpflichtet waren, für das Vermögen der ihnen zur Verfügung stehenden Waisenkinder mit ihrem eigenen Vermögen zu haften.

Daraufhin dachten wir wieder an meinen Großonkel, und Cousin Maud erklärte, dass er mit Sicherheit bereit wäre, die Hälfte des geforderten Lösegelds für einen in den Augen Gottes so angenehmen Zweck zu zahlen, und dass die andere Hälfte durch die Hilfe aufgebracht werden könne unserer Freunde. Dann dachte sie gern an die Zukunft. Und je länger sie das tat, selbst als Ann zu uns gekommen war und alle unsere Neuigkeiten erfahren hatte, desto größer war ihre Fröhlichkeit. ja, man hätte meinen können, dass es viel einfacher und angenehmer wäre, in knapper Armut zu leben als in überflüssigem Reichtum, und daraufhin erinnerte sie mich daran, wie es so oft vorkam, wenn die Männer nicht zu Hause waren Sie und ich hatten uns damit begnügt, uns mit etwas süßem Brei gute Laune zu machen, und hatten sehr gerne ohne Fleisch gegessen, das so teuer war. Wir sollten frei sein vom Ärger so vieler Diener und Mägde; und während sie in letzter Zeit gezwungen gewesen war, Brigitta aus dem Haus zu verweisen , wäre sie nicht selbst aus purer Sorge kaum einem Fieber entgangen. Susan würde uns immer treu bleiben; Sie wäre bereit, unsere Armut mit uns zu teilen, und das ruhelose Treppenauf- und -absteigen war für ihre alten Füße schon lange eine Qual.

Der Magister war ein wohlgesonnener Mann, und wenn es ihm zu schwer fiele, von uns wegzugehen , würden wir ihn gerne bei uns einquartieren lassen, wenn er damit zufrieden wäre, mit uns in ihrem kleinen Haus am Grassmarket zu leben . in dem Rosmüller jetzt wohnte. An guten selbstgesponnenen Stoffen mangelte es in Nürnberg nicht; ja, und wenn wir nie wieder neue Kleidungsstücke hätten, wäre das umso besser für die Gesundheit unserer Seele. Was mich betrifft, ich hätte vielleicht weniger Bewerber, aber wenn jemand mir den Hof machen würde, hätte er nichts anderes im Kopf als Margery und wie sie aussah und sich bewegte. Nein, im Großen und Ganzen schuldeten wir Ursula und dem verworfenen heidnischen Sultan großen Dank, wenn wir durch sie aus unglücklichem Reichtum und Bequemlichkeit in gottgefällige Armut gebracht wurden.

Ann war über die schreckliche Summe des Lösegelds weit weniger entsetzt als wir, denn sie war immer von der Gewissheit erfüllt, dass der Himmel sie und Herdegen füreinander geschaffen hatte und sie endlich zusammenbringen würde.

Außerdem hatte sie guten Grund, auf die Hilfe meines Großonkels zu hoffen. In einem Brief des Kardinals an sie sagte er, dass er ihr jetzt wie früher nur raten könne, der Stimme ihres Herzens zu folgen; dass er unserer Abreise kein Hindernis in den Weg legen würde, obwohl er uns dringend bat, dies auf die Zeit nach seiner Heimkehr zu verschieben, die nun in Kürze erfolgen sollte. Sie sollte Baron Im Hoff wissen lassen, dass er bereit sei, seinen Willen zu tun, auch wenn er hoffte, dass er bei seinem Kommen gesund sei. Sie hatte diese frohe Botschaft sofort meinem Großonkel überbracht, und sie hatte sein Herz so aufgeheitert und getröstet, dass es wahrlich schien, als ob die guten Hoffnungen meines Herrn Kardinals Erfüllung finden könnten. Und heute Morgen hatte sie ihn gesehen, und ein ganz seltsamer Geist war über ihn gekommen; er hatte sich bei ihr beharrlich erkundigt, und als ob es ihm eine große Sache wäre, alles, was sie ihm über die Lebensweise meines Herrn Kardinals, über die Pflichten seines Amtes und dergleichen erzählen könne; und während sie ihm antwortete, dass sie von all diesen Dingen nur wenig wisse, hatte sie doch aus seinem eigenen Mund gehört, dass seine Eminenz seiner Heiligkeit, dem Papst, in Dankbarkeit verbunden sei, weil er ihn zum hohen Almosengeber des Papstes ernannt habe Schatzkammer und legte es so in seine Macht, viele gute Werke zu tun; und ihrer Meinung nach hatte dies meinem Großonkel große Erleichterung gebracht. Als sie sich dann erhob, um ihn zu verlassen, hatte er seinen Diener geschickt, um Meister Holzschuher , den Notar, zu bitten, zu ihm zu kommen und zwei vertrauenswürdige, zur Verschwiegenheit verpflichtete Zeugen mitzubringen. Als er sich von ihr verabschiedete, hatte er gelacht und ihr zugeflüstert, dass seine Eminenz, der Kardinal, mit dem alten Im Hoff sehr zufrieden sein würde , ja, und sie ebenso und ihr Geliebter.

All dies gab uns Anlass zum Nachdenken und gab uns auch ein gutes Herz; Nur drückte es uns auf der Seele, dass unsere Abreise erst in einigen Wochen erfolgen sollte.

KAPITEL XIII.

Am nächsten Morgen ließ mich Cousine Maud auf sehr angenehme Weise sehen, wie ernst es ihr von nun an mit der Sparsamkeit war; Sie nahm nur ein kleines Stück Butter von der Bäuerin, die es brachte, sie schickte den Metzger weg und wollte kein Fleisch essen, und beim Frühstück verzichtete sie auf Butter auf ihrem Brot, wie sie es zu essen pflegte. Ebenso wurden die Kette und die große goldene Anstecknadel, die sie stets von morgens bis abends trug und die wie eine Wächterlaterne an ihrer Brust blitzte, jetzt beiseite gelegt, und während ich meinen Haferbrei aß, zeigte sie mir die Truhe, in die sie alles gespendet hatte, was sie besaß von Ringen, Nadeln und dergleichen, die sie nun zum Wiegen in die Waage und dann zur Schätzung zu einem Goldschmied bringen würde. Doch als ich das Gleiche mit meinen Juwelen machen wollte, wollte sie es nicht, denn die Jugend, sagte sie, brauchte solchen Mut, und zuerst müssen wir erfahren, welch großen Teil des Lösegelds mein Großonkel auf sich nehmen würde bezahlen.

Herdegens Lösegeld zu sorgen . Es regnete stark und ein nasser Westwind pfiff durch die schlammigen Straßen. Es war ermüdend, durch sie hindurchzuwaten, und als ich schließlich das Im -Hoff-Haus erreichte, rief mir Meister Ulsenius die Treppe hinunter zu: „Ruhe, Herrin Margery; hier ist das Wetter schlechter als ohne Türen!“

also in die überhitzte Kammer ging, sah ich, dass es nichts Gutes zu hoffen gab; dennoch waren die Dinge schlimmer, als ich gesucht hatte, um sie zu finden. Sobald mein Großonkel mich erblickte, runzelte er finster die Stirn, seine hohlen Augen blickten wütend, und ohne auf meinen guten Tag zu antworten, krächzte er mich an: „Du hast gehofft, dass der alte Mann vielleicht in die Ewigkeit gestorben wäre oder ...“ Hast du dich jemals auf den Weg zu deinem wilden Abenteuer gemacht? Hah, hah Aber du irrst dich. Mir wird noch genug Zeit gegeben, dir zu zeigen, mit wem du es zu tun hast, denn es hat auch gereicht, mir zu zeigen, was du wirklich bist! Während ich Ich vertraute darauf, ein treues und weises Gehirn gefunden zu haben. Was habe ich gesehen? Lieblose und bösartige Privatheit, elende Torheit und solche Pläne, von denen man in einem Irrenhaus hätte träumen können!“

„Aber, Onkel, hör nur zu“, versuchte ich zu sagen, und sogleich kam mir der Gedanke in den Sinn, den ich später als wahr herausfand, dass entweder Henneleinlein ihm gestern Abend oder ihr Klatsch seine Haushälterin verraten hatte, alles sie hatte es in der Forest Lodge gehört. Er ließ es nicht zu, dass ich bis zum Ende sprach, sondern tadelte und beschwerte sich weiter und unterbrach sich immer wieder, selbst als ich endlich die Worte fand und ihm deutlich machte, dass wir ihm unsere Absicht nicht geheim gehalten hatten Am Ende wollen wir ihn nur so lange wie möglich vor der Trauer bewahren; und obwohl er zornig auf uns sein mag, muss er doch zugeben, dass wir bisher immer bescheidene und anständige Mädchen gewesen waren; aber jetzt, wo es um Leben und Freiheit für diejenigen ging, die uns am nächsten und teuersten waren….

Hier brach er in höhnisches Gelächter aus und schrie, dass er seinerseits wohl nicht hoffen könne, zu den wenigen Auserwählten gezählt zu werden. Er hatte immer ganz genau gewusst, dass, wenn wir ihm irgendeinen samaritanischen Dienst erwiesen, es zu keinem anderen Zweck gekommen war, als aus seiner Handtasche das Geld zu ziehen, um meine Brüder und Anns Liebhaber freizukaufen. Jedes freundliche Wort war reine Lüge und Unwahrheit; Ja, und noch schlimmer als jeder von uns waren diese listige Hexe draußen im Wald und die alte Vogelscheuche, die sich rühmte, für mich wie eine Mutter gewesen zu sein. Bis jetzt hatte ich seine Schimpferei geduldig ertragen, aber jetzt war es zu viel für das heiße Blut der Schoppers ; Ich konnte mich nicht länger zurückhalten und brach in großen Zorn und Vorwürfe wegen einer so abscheulichen Anschuldigung aus. Wenn nicht sein Alter und seine Gebrechen unser Mitleid forderten, würde ich, sagte ich, nach so schlechter Behandlung von Ann verlangen, dass sie nie mehr die Schwelle eines Mannes überschreitet, der uns und diese beiden guten Frauen so grausam diffamieren könnte dem wir so viel zu verdanken haben.

Ich sprach ganz laut, außer mir vor Wut, und mein Gesicht strahlte; Erst als mir auffiel, dass mein Onkel mich wie verwundert anstarrte, erholte ich mich und schwieg plötzlich, weil mir der Gedanke durch den Kopf schoss, dass ich meinen Bruder verleugnete, so wie Petrus den Herrn verleugnete , allerdings nicht aus Menschenfurcht, sondern indem ich meinem wütenden Stolz nachgab. Ich hatte jedoch noch nicht lange aufgehört, als der strenge alte Mann in erbärmlicher Bitte aufschrie.

„Nein, Margery, im Namen der Heiligen bitte ich dich! Du wirst Ann nicht zu meiner Feindin machen. Wie hartherzig du sein kannst und wie zornig und gegen einen alten Mann, der am Rande des Grabes zu Tode erkrankt ist! – was ? War es in Wahrheit, dass mir die bitteren Worte auf die Zunge kamen, aber meine Sorge und meine Ängste um dich, die wahrlich und wahrlich mein einziger Trost und alles sind, was ich auf Erden zu lieben habe? Und wenn ich jetzt noch einmal sage: Das werde ich nicht lasse dich gehen. Ich werde alles, alles opfern, um dich vor dem sicheren Tod zu bewahren. Willst du selbst dann damit drohen, mich in meinem Elend allein zu lassen und Ann zu verleiten, mich ebenfalls zu verlassen?“

Daraufhin sprach ich ihn fair und so liebevoll an, wie es in der Wahrheit nur möglich war, und versprach mein Wort, dass Ann keinen Fuß außerhalb der Stadttore setzen würde, sonst wäre mein Herr Kardinal jemals hineingekommen, und hatte ihm den Trost seines Segens gegeben. Und dann war er guten Mutes, und aus freien Stücken hielt er mich von seinem Versprechen ab, bestimmte Geldbeträge für Herdegens Lösegeld zu zahlen; und das alles sprach er voller Liebe und mein Herz strömte über von wahrer und inbrünstiger Dankbarkeit, so dass ich seine dünne Hand nahm und sie küsste. Allerdings wusste er noch nicht, wie hoch die Summe sein würde, und während ich ihn gerade auf das Schlimmste vorbereiten wollte , kam Ann ins Zimmer, und sobald mein Großonkel sie sah, rief er voller Freude: „Gott sei Dank, süßes Mädchen, zwischen uns ist wieder Frieden. Du verzichtest auf deinen verrückten Vorsatz und ich – ich werde das Lösegeld bezahlen.“ Daraufhin flog Ann an seine Seite und dankte ihm mit überströmenden Augen, und nach und nach führten wir ihn weiter, bis er schrie: „Nun, nun, Kinder, sie können diesem jungen Sündenbock Schopper sicherlich nicht den Preis eines Königreichs auferlegen. “ Kopf!"

also Mut und erzählte ihm, dass Ursula aus tiefer Bosheit erklärt hatte, Herdegen sei einer der reichsten Jugendlichen Deutschlands, und dass der Sultan aus diesem Grund den hohen Preis von vierundzwanzigtausend Zechinen verlangt habe.

Die Wahrheit war ans Licht gekommen; Zu meinem Erstaunen stellte ich fest, dass mein Großonkel nicht bestürzt war, als ich ihn erwartet hatte; Nein, aber er lachte laut und sagte: „Das wäre in der Tat etwas Neues und Seltsames! Ihr Kinder würdet euch lieber über die italienischen Dichter den Kopf zerbrechen als über meine und eure Angelegenheiten, obwohl das die Achse ist, um die sich die Welt dreht.“ In Wahrheit gäbe es in einer so großen Summe keine Gerechtigkeit, wenn man nicht auf den Märkten Ägyptens in Venedig mit Pailletten und niemand anderem als den Franken rechnet; fast dreizehn ihrer Dirhem gehen an die Goldpailletten, und so haben wir- Lassen Sie mich rechnen – der alte Händler hat sein Können auf dem Krankenbett nicht vergessen – wir haben eintausendachthundertsechsundvierzig Zechinen; und das ist immer noch ein riesiges Lösegeld, wie es nur für Herren von höchstem Rang gezahlt wird. Vierundzwanzigtausend Zechinen!“ Und wieder lachte er laut. „Es ist leicht gesagt, Kinder, aber ihr könnt nicht einmal erraten, was es bedeuten würde. Glaubt mir, wenn ich euch sage, dass mancher wohlhabende Kaufmann in Nürnberg, der an der Spitze eines guten Handels steht, bei ihm sein würde.“ Es wäre meine Weisheit am Ende, wenn er die Hälfte Ihrer vierundzwanzigtausend Zechinen in harter Münze zurückzahlen wollte!“

Dann nahm ich mein Gleichnis auf und erzählte ihm, wie Eppelein ihm die Summe eingeprägt hatte, und dass er mit Sicherheit recht hatte, sowohl mit der Summe als auch mit den venezianischen Pailletten, und zwar insofern als Herdegen , bis zuletzt er wusste es wohl richtig, hatte ihm gesagt, dass es Dukaten sein sollten, wie er drei in einem roten Zeugsumschlag hatte, und Kunz und ich ebenfalls je zwei, als Taufgeschenke in unseren Sparbüchsen.

Während ich nun so sprach, war der alte Mann zutiefst beunruhigt, und sein wachsbleiches Gesicht wurde mit jedem Wort blasser. Er erhob sich, stützte sich auf die Armlehnen des großen Stuhls, so hoch, dass wir voller Staunen waren, und er blickte sich mit seinen glasigen Augen um und sagte dann, immer noch aufrecht stehend: „Das, das ... Und gestern, Erst gestern ... Der Gefangene selbst ... Vierundzwanzigtausend Zechinen, sagen Sie? ... Und ich – oh, was waren meine Worte? Ihr Mägde wärt nur pflichtbewusste Kinder gewesen, wenn ihr nur zuerst zu mir gekommen wäret, als vertrauensvolle Töchter … Erst gestern könnte ich – ja, vielleicht könnte ich …“ Und dann stürmte er hervor: „Aber wer ist denn da, der sich um mich kümmert? Wer kommt mir jemals mit wahrer Liebe und ehrlicher Vertrauenswürdigkeit nahe? Nicht einer, nein, nicht einer! … Ursula – der Junge, der von klein auf – und du – Ihr beide, was habt ihr getan? … Gestern, erst gestern! … Aber heute … Vierundzwanzigtausend Zechinen!“ Plötzlich versagten ihm die Arme, und er sank ohnmächtig zurück, sein farbloses Gesicht hing auf seiner Schulter. Während wir nun alles in unserer Macht Stehende taten, um ihn wiederzubeleben, und während ein Diener nach dem Blutegel und ein anderer nach dem Mönch rannte, schien es mir , dass die linke Seite des alten Mannes seltsam steif und taub war; doch die schwache Flamme seines schwachen Lebens brannte immer noch.

Doch als Meister Ulsenius Blut gelassen hatte, öffnete der alte Mann sein rechtes Auge; und als er plötzlich sagen konnte: „Buch“ und dann noch einmal „Buch“, erkannten wir durch verschiedene Zeichen, dass er sich nach Wasser sehnte und dass er ein Wort für das andere sprach. Und so geschah es, bis sein Hauptbeichtvater, Meister Leonard Derrer , der ehrwürdige Prior der Dominikaner, mit dem Mesner hereinkam, um ihm die letzte Salbung zu spenden. Aber als der ehrwürdige Vater nun mit dem Leichnam des Herrn auf den Sterbenden zukam, bot sich ein so schrecklicher und trauriger Anblick, den ich bis zu meinem letzten Tag nie vergessen werde. Anstatt dieses Heilige Sakrament in aller dankbarer Demut zu empfangen, stieß mein Großonkel meinen Lord Prior – einen weißbärtigen alten Mann von ehrwürdiger und gebieterischer Erscheinung – mit großer Wut und unbändiger Wut von sich und stürmte mit seltsam gemischten Worten auf ihn ein sicherlich meinte er es mit anderen, aber mit einer Stimme und einer Miene, die deutlich zeigte, dass er nichts von diesem Gesandten der Gnade haben wollte. Und von Zeit zu Zeit richtete er den Blick, den er gebrauchen konnte, auf Ann, und obwohl er ein Wort für das andere sprach, wiederholte er mehrmals ungeduldig den Namen des Kardinals, so dass es nicht schwer war, seine und seine Bedeutung zu verstehen Absicht, das Viaticum von niemand anderem als diesem hohen Prälaten zu erhalten.

Für uns schien es jedoch nichts Geringeres als Verrat an dem Sterbenden, dies meinem Lord Prior gegenüber zu deuten, zumal mein Großonkel uns gerade jetzt so viel Gunst erwiesen hatte. Tatsächlich fühlten wir uns bewegt, ihm all unsere liebevolle Güte zu erweisen. Ann hielt seine Hand in ihrer und flüsterte ihm immer wieder zu, dass er Geduld haben solle und dass seine Eminenz bereits auf dem Weg sei und bald hier sein würde. Der ehrwürdige Prior zeigte tatsächlich echte christliche Nachsicht und dachte, dass die scheidende Seele schlimmer bekümmert sei, als es in Wirklichkeit der Fall war. Er achtete nicht auf die Drohungen und Kämpfe des alten Mannes, sondern stand schweigend auf seinem Posten, und als plötzlich die Hand des alten Barons leblos aus Anns Griff fiel , schickte er uns aus dem Zimmer.

Durch die Tür konnten wir die Stimme des guten Priesters im Gebet und Segen hören, der dem Sterbenden die Absolution verkündete, und manchmal auch die zornigen Töne meines Großonkels, zwar schwach, aber schrecklich anzuhören. Jedes Mal, wenn er die frommen Worte des Priors unterbrach, schauderten wir, und als der Priester schließlich sein Glöckchen läutete, überkam uns ein großer Schrecken, obwohl diese Verordnung der Seele Trost und Erbauung zu bringen pflegt.

Wir waren eine ganze Weile auf unseren Knien gewesen und hatten inbrünstig für diese unglückliche, gefährdete Seele gebetet, als die Tür geöffnet wurde und Mylord Prior mit lauter Stimme verkündete, dass der edle Baron und Ritter Sebald Im Hoff hatte mit dem Empfang des Allerheiligsten Sakramentes ein gutes Ende gefunden.

Dann dachte ich, vielleicht ein gutes Ende durch die Gnade Christi und der Jungfrau, aber leider ein friedliches Ende! auf keinen Fall. Und das konnte man sogar im Gesicht des Toten sehen. In späteren Jahren, wann immer es mir zuteil wurde, in die Gesichter der Toten zu blicken, habe ich immer gemerkt, dass der Tod ihnen einen Aspekt friedlicher Ruhe verliehen hat, so dass das Sprichwort des einfachen Volkes, dass der Engel des Todes sie geküsst habe, zutrifft richtige Passform; aber das Gesicht meines Großonkels war wie das eines Mannes, dessen Würde von einem Mächtigeren als ihm gebrochen wurde und der dies in stiller, düsterer Rebellion erlitten hat.

Mit all unserer Kraft und Seele beteten wir immer wieder für ihn; Doch wie es immer passieren musste, drängten sich andere Sorgen auf, um diese eine zu verschlingen. Sobald die Nachricht vom Tod des alten Adligen im Ausland verbreitet wurde, strömten diejenigen herein, die ihn zu Lebzeiten gekannt hatten, und Boten vom Stadtrat, Notare mit Siegellack und Siegeln, Bestattungspriester, Nachbarn und andere gute Leute, und unter ihnen viele Brüder und Nonnen. Zuletzt kam Doktor Holzschuher vom Rat, der Notar meines Großonkels und einer der vertrauenswürdigsten Freunde unseres eigenen Vaters, in jeder Hinsicht ein Mann von so viel Wert und Ehrlichkeit, dass keine Worte so gut zu ihm passten wie der Ausspruch des Kardinals: dass er ihn daran erinnerte einer Eiche der deutschen Wälder.

Als nun dieser Mann, der in seiner Jugend einer der Anständigsten in ganz Nürnberg gewesen war und mit seinen langen, silbergrauen Haaren, die auf seinen Schultern lagen, immer noch von edlem Aussehen war – als er uns Mägde jetzt geradezu düster begrüßte , und ohne freundliches Zuwinken oder Nicken wussten wir sofort, dass er große und begründete Ängste um unsere Anliegen haben musste. Ja, und so war es auch. Als er schließlich eine ernsthafte Unterredung mit dem Oberschatzmeister und den anderen führenden Männern des Rates geführt hatte, rief er Cousin Maud und mich zu sich und teilte uns mit, dass der letzte Deal des alten Im Hoff allem Anschein nach bedenklich sei Wir alle hoffen, dass unser Erbe von ihm uns helfen wird, das Lösegeld für Herdegen zu zahlen . Und am nächsten Morgen würde sein Testament geöffnet und verlesen werden, und wir würden dadurch erfahren, auf welche Weise dieser alte Mann sich um diejenigen gekümmert hatte, die ihm am nächsten und teuersten waren.

Daraufhin blieb uns nichts anderes übrig, als so manche schöne Hoffnung im Grab zu begraben; und trotzdem dürften wir den Verstorbenen keinen Groll schulden; Denn obwohl es ihm in erster Linie um die Erlösung seiner eigenen sündigen Seele ging, hatte er dennoch daran gedacht, für meine Brüder und ebenso für Ann zu sorgen und das Versprechen zu halten, das er gegeben hatte. Niemals in all seinen Tagen hatte er sein Wort gebrochen – und das gaben sogar seine Feinde zu, von denen er viele hatte – und aus all seinen Anweisungen war deutlich zu erkennen, dass die wahre Ursache für den tödlichen Schlag, der ihn getötet hatte, lag war die plötzliche Gewissheit, dass er durch seine eigene Tat die Macht verloren hatte, Herdegen durch die versprochene Lösegeldzahlung zu erlösen.

Und das war das Testament meines Onkels:

Als er von Ann gehört hatte, dass mein Herr Kardinal beabsichtigte, seine Heimkehr zu beschleunigen und ihm die äußerste Salbung zu spenden, und auch die Nachricht erhalten hatte, dass dieser hohe Prälat große Freude an seiner Freiheit hatte, mit der päpstlichen Schatzkammer für Almosen umzugehen, tat er dies Noch am selben Abend wurde ihm von Doktor Holzschuher , seinem Notar und einigen vereidigten Zeugen ein Testament vorgelegt, und er hatte sein früheres Testament ordnungsgemäß aufgehoben und in einem schönen neuen Testament seinen Nachlass wie folgt gestaltet:

Ursula Tetzel sollte die fünftausend Gulden bekommen, die er ihr versprochen hatte, als er den jungen Tetzel unwissentlich getötet hatte.

Kunz vermachte er den großen Handel sowohl in Nürnberg als auch in Venedig mit allem, was dazu gehörte, und einigen Geldern zu seiner Fortführung; ebenso sein schönes Wohnhaus, da Herdegen unser Haus für sich haben wollte. Und Kunz sollte verpflichtet sein, das besagte Gewerbe in der gleichen Weise weiterzuführen, wie es mein Großonkel zu seinen

Lebzeiten getan hatte, und davon zwei Drittel des Gewinns an Herdegen und Ann auszuzahlen; und dass diese beiden heiraten sollten, war der sehnlichste Wunsch seines Alters. Von dem Geldkapital sollte in den folgenden zwanzig Jahren kein Pfennig abgezogen werden, und dies wurde ausdrücklich vermerkt; Der Handel darf auch nicht verkauft oder nicht mehr weitergeführt werden. Sollte Kunz innerhalb dieses Zeitraums sterben, beauftragte er den Oberschreiber des Hauses, die Geschäfte unter demselben Versprechen zu führen. Und wenn Kunz heiraten sollte, dann sollte er statt zwei Dritteln nur die Hälfte des Gewinns an seinen Bruder zahlen.

Der älteste Sohn von Herdegen und Ann sollte der nächste Erbe des Unternehmens werden; Aber wenn diese Ehe scheiterte oder sie keine männlichen Nachkommen hatten, dann Herdegens Schwiegersohn oder mein Sohn oder der von Kunz.

Ebenso glaubte er, für den Unterhalt des jungen Paares gut gesorgt zu haben, da kaum zu hoffen war, dass Herdegen die Führung des Handelshauses übernehmen würde, sein eigenes Vermögen jedoch nicht so groß war, dass dies gewährleistet werden konnte Ann ein Leben, das so frei von Lasten und in jeder Hinsicht so einfach war, wie er es sich für sie gewünscht hatte und wie es der Geliebten einer so alten Nürnberger Familie gebührte.

Seine Ländereien hatte er zum größten Teil der heiligen Kirche zugeteilt, den Rest zu gleichen Teilen Herdegen und mir.

Dreitausend Gulden, die er dem Kloster Vierzehnheiligen geliehen hatte und deren Rückzahlung er jederzeit verlangen konnte, hatte er zurückbehalten, um Herdegen freizukaufen und seine Heimkehr zu bezahlen.

Von seinem Besitz in harter Münze waren dreitausend Gulden für Herdegens Anteil bestimmt und je eintausend für Ann und mich als Brautgeschenk, und er hatte stattliche Geldbeträge für die Hospitäler und Armen der Stadt und die Dienst- Leute und Diener des Haushalts.

Aber wo war dann der große und geradezu königliche Schatz, den der alte Im Hoff vor nicht allzu langer Zeit besessen hatte? so dass er während des Reichstags dreißigtausend ungarische Dukaten in harter Münze eingezahlt hatte, um sich den Titel eines Barons zu kaufen? Meister Holzschuher konnte es uns gut genug sagen . Als dieser alte Mann einmal zu Ann gesagt hatte, sie könne kaum glauben, wie viel Gewinn man in ein paar Jahren durch einen gezielten Handel mit Venedig erzielen könne, da redete er nicht ohne Grund. Nachdem er zu seinen Lebzeiten viele Kirchen und Klöster in Franken mit wahrhaft herrschaftlicher Großzügigkeit ausgestattet und für Seelenmessen und andere fromme Ämter gesorgt hatte, verfügte er noch über eine Summe von vierzigtausend ungarischen Dukaten. Und diese Gelder hatte er, ungeachtet der Bitten von Meister Holzschuher , mindestens die Hälfte dieser riesigen Besitztümer seiner eigenen Stadt und seinen nächsten Verwandten zu überlassen, den Almosenkassen Seiner Heiligkeit des Papstes vermacht, damit sie nach Belieben verwaltet werden könnten Seine Eminenz Kardinal Bernliardi mit der einzigen Bedingung, dass jedes Jahr an seinem Namenstag eine Messe von einem hohen Prälaten für seine elende Seele gehalten werden sollte, die eine solche Gnade dringend brauchte. Darüber hinaus hatte er vorgesehen, dass das vom Notar und den Zeugen ordnungsgemäß beglaubigte Dokument am nächsten Morgen durch einen eigens dafür bestimmten Boten nach Rom geschickt werden sollte; So war es längst weit weg und außer Reichweite, als mein Großonkel erfahren hatte, dass sein gesamter übriger Besitz nicht ausreichte, um Herdegen freizulassen . Und das war ihm, wie ich schon sagte, schwer auf der Seele gelegen.

Wahrlich, es hat unsererseits nicht an inbrünstigen Gebeten für seine Seele gefehlt; und als ich später erfuhr, wie vielen Unglücklichen sein Testament einen Segen gebracht hatte, vergab ich nach und nach diese seltsame Schenkung seines Reichtums und konnte über seinem Grab ein klares „Requiescat in Pace" aussprechen! Möge er in Frieden ruhen!

Holzschuher gebührend abgewogen und abgerechnet hatten , was wir tatsächlich von unserem reichen Verwandten geerbt hatten und wie viel wir bald von uns selbst und von Vetter Maud einsammeln würden, hatten wir in Klartext vor Augen, dass a ein großer Teil des Lösegeldes fehlte noch. Der Handel der Im Hoffs ' Wert war sicher; aber nach dem Willen meines Großonkels dürfen wir es zwanzig Jahre lang nicht anfassen. Ebenso hat uns Meister Holzschuher an vielen Beispielen darauf hingewiesen, wie falsch es gerade in dieser Zeit wäre, Grundbesitz um jeden Preis, also etwa zu einem Drittel seines wahren Wertes, zu verkaufen. Und schließlich teilte er uns mit, dass die Vormunde des Kanzleramts derzeit nicht verpflichtet seien, auch nur einen Heller unseres Erbes von unserem Vater zurückzuzahlen. So war es uns schwer ums Herz, während Doktor Holzschuher mit leiser Stimme mit Onkel Christian und Meister Pernhart diskutierte und bestimmte Dinge auf Papier notierte.

Dann erhoben sich diese Herren; und während ich in das Gesicht des würdigen Notars blickte, kam es mir vor , als sei es wie verdorrtes Gras, das vom Regen gut betaut war; und seine schönen und edlen Gesichtszüge strahlten frohe Zuversicht auf mich aus. Und ich las das gleiche Versprechen in den Blicken von Onkel Christian und Meister Pernhart , und als drei dieser Männer den Kampf anführten, dachte ich, der Sieg sei sicher.

Und nun wurde uns gesagt, worum es in ihrem Gespräch ging. Wenn sie einen geeigneten Gesandten fänden, könnten sie den Sultan vielleicht dazu bewegen, auf einen Teil des Lösegeldes zu verzichten; Dennoch würden sie bedenken, wie hoch die Gesamtsumme war. Einen Großteil unseres Besitzes durften wir zwar nicht verkaufen, doch könnten wir ihn leihen oder verpfänden, und das gute Gefühl unserer Freunde und Mitbürger würde uns mit Sicherheit beim Rest helfen. Nein, und diese Herren dachten, sie hätten eine geheime Absicht; Doch da sie uns aus freien Stücken nichts sagten, achteten wir sorgfältig darauf, keine Fragen zu stellen. Als wir uns verabschiedeten, baten sie uns, unsere Abreise noch hinauszuzögern und ihnen die Freiheit zu geben, zu tun, was sie wollten. Und wir wollten gern nachgeben, obwohl das Blut der Schoppers bei dem Gedanken kochte, dass ich hier untätig verweilen muss und andere sozusagen mit dem Stab der Bettler umhergehen, in unserem Namen und um unseres Sohnes willen Haus, das keinem Menschen Gutes getan hatte. Allerdings wusste ich genau, dass Stolz und Trotz jetzt fehl am Platz waren; und während ich mit Ann und Cousine Maud nach Hause ging, fragte mich plötzlich meine Cousine: „Wenn Lorenz Stromer in Herdegens Notlage wäre, würde ich nicht gerne von meinem Vermögen hergeben?“ und als ich ja sagte, sagte sie: „Dann ist alles gut.“ Und da sie derselben Meinung war, konnte sie ohne Bedenken zulassen, dass die Herren in Herdegens und in ihrem eigenen Namen von Tür zu Tür fragten. Es war nur unsere Aufgabe zu zeigen, dass wir als seine Nächsten und Liebsten im Geben die Vorreiter waren. Und am selben Tag brachte Ann alles mit, was sie an Gold und Juwelen besaß, sogar bis zu den Taufmünzen, die sie in ihrer Sparbüchse aufbewahrt hatte, und darunter auch ein kostbares Kreuz aus Diamanten, das mein Herr Kardinal ihr vor einigen Monaten geschenkt hatte .

An diesem Abend, als die Dämmerung hereinbrach, klopfte Ann noch einmal an unsere Tür, und der Grund ihres Kommens war in Wahrheit ein trauriger: Ihr Großonkel, der alte Organist Adam Heyden , unser Freund vom Turm, spürte das seine letzte Stunde war nahe und wir forderten uns auf, ihn zu besuchen. So kam es, dass wir zwei Tage später am Sterbebett stehen mussten. Auf jedem lag ein alter Mann, der in die andere Welt aufbrach, und mir kam es vor , als wäre ihr Ende so nahe beieinander gelegen, dass es unseren jungen Seelen Warnung und Meditation bot. Jetzt, als ich mich die steile Turmtreppe hinaufmühte, nachdem ich gestern die verfilzten Stufen des wohlhabenden Hauses der Im. hinaufgeflogen war Hoffs , es schien mir , dass das Leben der beiden Männer diesen Treppen ähnelte, und obwohl ich jung war, konnte ich mir dennoch sagen, dass die steile Treppe des bescheideneren Mannes, die er neuerdings nicht mehr ohne großes Keuchen hinaufsteigen konnte, zu einem führte ein höheres und helleres Zuhause als die breiten Stufen des Palastes des reichen Kaufmanns.

Doch nachdem ich die Augen dieses guten alten Mannes geschlossen hatte, erlaubte ich mir nicht, so über die beiden zu denken, denn ich konnte es nicht ertragen, meine Erinnerung an diesen anderen zu zerstören, dem wir schließlich viel zu verdanken hatten .

Der alte Organist hatte mittags das Heilige Sakrament aus der Hand seines alten Freundes Nikolas Laister , des Vikars von St. Sebald, empfangen . Er wollte niemanden haben, der ihn sah, außer uns selbst und Hans Richter, dem Kirchenvorsteher, einem Mann nach seinem Herzen, und den Pernharts ; und zuerst bemerkte er unser Kommen nicht, da er gerade dem taubstummen Jungen ein Spielzeug gab, das er mit seiner eigenen Hand geschnitzt hatte, und Dame Giovanna sich große Mühe gab, das Kind wegzutragen, das sich selbst geworfen hatte auf den alten Mann mit leidenschaftlicher Liebe. Alles, was die Seele des Kleinen bewegte, musste er gleichsam mit unvernünftiger Gewalt ausdrücken; Und als das Kind nun so ausgelassen war, dass es den Frieden der anderen störte, nahm seine Mutter es bei der Hand, um es in ein anderes Zimmer zu führen; aber der Sterbende winkte ihm mit einem Blick zu, den niemand beschreiben kann, und in diesem Moment biss der kleine Kerl die Zähne fest zusammen und stand schweigend an der Tür. Daraufhin nickte ihm der alte Mann zu, als ob das Kind ihm etwas Gutes getan hätte.

Dann schloss er für eine Weile die Augen und bat dann um etwas von dem feinen Bacharach-Wein, den Cousin Maud ihm geschickt hatte; aber seine Stimme war kaum zu hören. Ann reichte ihm das Glas und auf ein Zeichen von ihm kostete sie davon; dann trank er es mit viel Trost, während Dame Giovanna ihn sitzen hielt. Das alte, süße Lächeln lag auf seinen Lippen, und als er mit zitternder Hand immer noch den Stiel des Glases hielt und duldete, dass ich ihm helfen sollte, rief er mit klarer Stimme: „Noch einmal, Prosit , Elsie! Das hast du.“ Ich habe dort oben lange genug auf deinen Alten gewartet. Und Prosit ebenso in meine liebe alte Heimat, die schöne Stadt Nürnberg. Dann holte er Luft und fügte wie gewohnt hinzu: „ Prosit , Adam! Danke, Heyden !“ Und leerte den Becher, den ich für ihn hochkippte, bis auf den Boden. Als er sich dann zurückzog und schweigend vor sich hinstarrte, fand ich die Sprache wieder und bemerkte, obwohl es mir in Wahrheit etwas seltsam vorkam, dass er damals an unsere gute Stadt dachte, als er sein altes Versprechen erfüllte. Daraufhin nickte er freundlich und fügte mit einem fragenden Blick auf den Kirchenvorsteher hinzu: „Es ist mit Recht die Pflicht eines jeden wahren Christen, für die ganze Menschheit zu beten! Nun ja, aber es sind so viele, so unendlich viele; und ich mag Jeder andere Mensch hat meine eigene kleine Welt, sozusagen in der großen Welt, und das ist meine liebe alte, treue Stadt Nürnberg. Nie habe ich ihre Grenzen verlassen, und sie enthält alles, was auf der Erde lieb und kostbar ist Für mich sind die Bürger von Nürnberg die ganze Menschheit, und unsere Stadt und so viel das Auge von diesem Turm aus sehen kann, meine ganze Welt, so klein sie auch sein mag. Ich könnte in Nürnberg jemals einen guten Stoff zum Nachdenken finden, irgendetwas edel und gut kompakt, ein schönes Ganzes. Ich habe nie nach den Grenzen der anderen, größeren Welt gesucht.“

Doch dass seine Welt in Wahrheit größer war, als er glaubte, wurde uns aus dem Gebet, das er murmelte, klar, in dem wir die Namen meiner Brüder hören konnten, obwohl Land und Meer sie von ihm trennten. Und danach schwiegen alle eine Zeit lang, und er lag da und starrte auf das Knochenkruzifix an der Wand; und schließlich bat er Dame Giovanna, ihn etwas höher zu heben, und er trank noch einmal etwas mehr und sagte ganz leise, während er nacheinander einen liebevollen Blick auf uns warf: „Ich habe in mein eigenes Herz geschaut und ihn angeschaut.“ Das Kreuz! Das ist unser Beispiel! Und ich gehe freudig fort – und wenn du wüsstest, was mir den Tod so leicht macht , dann ist es, dass ich nur wenig brauchte und wenig für mich behielt, und wohingegen ich es pflegte, etwas zu verschenken „Wenn wir andere Menschen retten, bin ich zu der Gewissheit gelangt, dass alles Gute, das wir anderen tun, das Beste ist, was wir für uns selbst tun können. Es ist das, es ist das!“

Und er streckte seine Hand aus, und als wir sie alle geküsst hatten, rief er: „Mein Gott, ich kann jetzt sagen, dass ich dir danke! Was der Morgen bringen wird, das kannst du allein wissen! Margery, Ann, meine armen Kinder.“ ! Möge der helle Tag der Begegnung für Sie anbrechen! Möge der Himmel in seiner Gnade die Jugendlichen jenseits der Meere beschützen! Hier, ganz in Ihrer Nähe, ist Herrin Kreutzer mit ihren Waisenkindern, Sie wissen, dass sie – Sie und Meister Peter – dringend Hilfe brauchen – und das Gute, das wir anderen tun. Aber kommt mir nahe, kommt alle – und auch die Kleinen.“

Und wir fielen neben dem Bett auf die Knie, und er breitete seine Hände aus und sagte mit klarer Stimme: „Der Herr segne dich und behüte dich, der Herr erhebe sein Angesicht über dir und sei barmherzig zu dir.“

Und dann seufzte er tief, seine Hände senkten sich und Dame Giovanna schloss die Augen.

Ja! Der Tod war dieser einfachen Seele leicht gefallen. Ich habe noch nie einen Mann gekannt, der so viel aus einem Wenigen gegeben hat, und noch nie habe ich ein glücklicheres oder friedlicheres Gesicht auf dem Sterbebett gesehen.

Die Beerdigung meines Großonkels war großartig und prächtig. Der gesamte Stadtrat und viele Adlige schlossen sich dem Trauerzug an. Glockenläuten und Priestergesänge, Krepp, Kerzen, Weihrauch und so weiter – davon hatten wir mehr als genug. Es fehlte nur eines, nämlich Tränen – nicht die der Söldner, die dabei waren, sondern solche, die schweigend aus einem traurigen Auge fließen.

Im Im In Hoffs ‘ großem Haus herrschte Stille, bis die Beerdigung vollzogen war; Oben im Turm, wo der alte Adam Heyden schlief, läuteten die Glocken wie jeden Tag, zur Hochzeit und zur Taufe, zur Messe und zur Trauer; doch an der niedrigen Tür, die zu der schmalen Turmtreppe führte, sah ich eine Schar kleiner Burschen und Mägde mit ihren Müttern; Und obwohl die Blätter von den Bäumen abgefallen waren und die letzten Blumen erfroren waren, hatte so manches Kind einen grünen Zweig gefunden oder einen kleinen Strauß ewiger Blumen in seiner kleinen Hand getragen, um ihn auf die Bahre dieses guten alten Freundes zu legen. Es war alles, was der Mesner tun konnte, um die Massen fernzuhalten, die gern noch einmal in sein Gesicht blicken wollten; und als er nicht mehr als zwei Stunden nach meinem Großonkel zum Friedhof getragen wurde, gab es tatsächlich eine wundersam große Anhängerschaft. Der Schnee fiel schnell auf den Straßen, und die netten Leute, die ihn bis zu seinem Grab begleitet hatten, wärmten sich nach der Beerdigung des alten Im Hoff bald zu Hause auf. Aber hinter Adam Heydens Bahre kamen viele ehrliche und angesehene Leute und eine weit entfernte Schar von Menschen, die den kalten Wind durch die Löcher in ihren Ärmeln und um ihre nackten Köpfe pfeifen könnten. Und unter ihnen gab es so manche mittellose Frau, die sich mit dem Kopftuch oder mit der Hand die Augen wischte, und so manches Witwenkind, das seinen kleinen Gürtel enger schnallte, als es den, der ihm so oft eine Mahlzeit gegeben hatte, ins Grab tragen sah.

LESEZEICHEN DES ETEXT-HERAUSGEBERS:

Ihre größte Lebensfreude wird durch übereilten Zorn getrübt.
Unglück kommt nie einzeln

9 789359 942063

Printed at Repro India Ltd.